Hoy es el primer día del resto de tu vida

Redbook

Hoy

es el

primer día

del resto

de tu vida

Brenda Barnaby

ROBIN
BOOK

© 2021, Brenda Barnaby

© 2021, Redbook ediciones

Diseño de cubierta e interior: Regina Richling

ISBN: 978-84-9917-623-9

Depósito legal: B-2.392-2021

Impreso por Ingrabar, Industrias Gráficas Barcelona, c/ Perú 144, 08020
Barcelona

Impreso en España - *Printed in Spain*

Índice

Prólogo

Hoy es el primer día del resto de tu vida y tu mayor anhelo debería ser encontrar la felicidad. Pero para llegar a ella hay que saber gestionar adecuadamente todo aquello que te puede desestabilizar. Sustituir hábitos nocivos por otros que te permitan vivir el presente tanto en los buenos momentos como en los malos. Afrontar el ahora y disfrutarlo de la mejor manera posible. A pesar de todo. Aprender de las reflexiones, actitudes, valores y comportamientos memorables del ser humano que podrían ser los cimientos con los que forjar una nueva sociedad. Por qué los hay, incluso en las crisis más despiadadas, hay resquicios de humanidad, de solidaridad, de entrega. Más allá de lo que sentimos, pensamos, decimos o hacemos hay un aspecto de la existencia que se desarrolla a un nivel más profundo. Comprender y experimentar el «yo soy» puede resultar una experiencia increíble.

No intentes conocer las respuestas para todo lo que sucede a tu alrededor. Muchas de las preguntas que te angustian suelen tener la misma

réplica: debes mantener la calma y escuchar tu voz interior. Solo ahí encontrarás la vida. Quienes hayan leído *La Peste* de Albert Camus habrán disfrutado de una buena lectura que habla del ser y la existencia, del apoyo mutuo y la libertad frente a la indiferencia y la autoridad. Quizá sea el momento de imaginar otros mundos lejos de la realidad distópica que nos ha tocado vivir. Otros mundos que nos obliguen a levantar la mirada y pensar de una manera global, en nuestra fragilidad como especie, en que es preciso levantar el pie del acelerador y vivir de otra manera, en que la solidaridad y el bien común deben ser los cimientos de una nueva escala de valores en los que ha de primar el respeto absoluto por el medio ambiente.

Pensar en positivo es muy importante. Si solo ves el color negro de las cosas y no lo haces a través de un prisma en el que puedas ver toda la gama de colores, no podrás proclamar a los cuatro vientos que eres una persona nueva. Pero si tienes despiertos los sentidos y abres el corazón, la mente y el espíritu, podrás reconocer muy fácilmente el camino que debes seguir.

Este libro recoge la experiencia vital de la autora a lo largo de los últimos meses y la traslada a un modo de vivir diverso en el que cree es posible relacionarse de una manera distinta. Y lo hace a través de las palabras de algunos de los pensadores más importantes de nuestra sociedad, que han reflexionado en torno a la época que nos ha tocado vivir y las actitudes que debemos tomar para garantizar el futuro de nuestros hijos y de la humanidad como especie.

1

Encontrar la paz interior superando tus temores

«La vida te dará la experiencia que sea más útil para la evolución de tu conciencia.»

Eckhart Tolle

Aprende a ser tú mismo
★ ★ ★

Un tiempo de reflexión

En momentos de incertidumbre es importante tomarse un tiempo para reflexionar sobre los valores y la forma en que realmente quieres vivir.

El mayor saber

«Decía Galileo Galilei que: «Conocerse a sí mismo es el mayor saber».

Aprecia lo que vales

Cada persona es única y cada uno tiene sus propias rarezas. Convivir con los demás durante muchos días seguidos no es tarea fácil. Aprecia lo que eres en cada momento, con tus defectos y virtudes, y los otros también lo harán.

Ten confianza y seguridad en ti mismo

No es fácil. Es cierto. Cuando una pandemia nos atenaza y nos confina puedes llegar a dudar de todo. Pero debes sobreponerte a ello, mostrar confianza en ti mismo, en las autoridades sanitarias y en las decisiones que debas tomar. Eso mostrará el camino a los demás.

Toca arremangarse y abandonar tu zona de confort

Las circunstancias por las que pasamos te han descolocado. Estás fuera de tu zona de confort, la que te habilitaba a vivir de una manera más cómoda. Y la crisis ha llegado cuando menos te lo esperabas, de manera brutal y rápida. No esperes que se alineen los planetas para sobreponerte. Actúa, debes pensar de manera diferente o hacer lo que hacías pero de otra forma. No dejes de ser tú mismo.

Ser aceptado por uno mismo

 «Ser hermoso significa ser tú mismo. No necesitas ser aceptado por otros. Necesitas ser aceptado por ti mismo.»

Thich Nhat Hanh

Es hora de volver a reencontrarte

Durante toda tu vida te has dejado influenciar por decisiones de otros. Ello ha provocado que, poco a poco, hayas dejado de ser tú mismo de manera inconsciente. Abandona patrones y creencias ajenas, deshazte de todo lo que no es tuyo, forma tu propia opinión de todo cuanto oigas y escuches y comienza a ser tú.

Tú eres tu mayor bendición

 «No importa que te amen o te critiquen, te respeten, te honren o te difamen, que te coronen o te crucifiquen; porque la mayor bendición que hay en la existencia es ser tú mismo.»

Osho

Vive tu vida

Nadie puede idear una vida para ti ya que nadie te conoce tan bien como tú mismo. No quieras ser mejor imitando a alguien. Acabarás dándote cuenta de que estás en un error. Acéptate tal cual eres y sigue tu propio camino.

Una victoria sobre ti mismo

 «Aquél que obtiene una victoria sobre otro hombre es fuerte, pero quien obtiene una victoria sobre sí mismo es poderoso.»

Lao Tsé

Vive el momento presente
★ ★ ★

El regalo más valioso

«El regalo más valioso que podemos recibir es el momento presente. Si no tuviéramos este momento presente, no podríamos tener nada más. El presente es un regalo, ya que no hemos trabajado para obtenerlo, ni hay dinero en el mundo que pueda comprarlo; por eso es el regalo más valioso. Si somos conscientes de ello, y vivimos cada momento de nuestras vidas tomando conciencia de que el mayor regalo nos es dado ahora, y ahora, y ahora… entonces viviremos agradecidos.»

David Steindl-Rast

Conecta con tu verdadero Ser

Vivir el presente, en una situación de distanciamiento social, nos

obliga a pasar muchas más horas con nosotros mismos, una oportunidad única para conectar con nuestro verdadero Ser, que está más allá
del tiempo, conocer la espiritualidad que late en nuestro interior y que
ahora puede florecer en todo su esplendor.

Vivir el presente favorece tu supervivencia

¿Sabías que cuando un niño se pierde en un bosque tiene una tasa de
supervivencia más alta que la de un adulto? Los niños beben cuando
tienen sed, se refugian en una cueva cuando tienen frío y huyen cuando tienen miedo. Saben cómo vivir el presente a la perfección, no se
preocupan por lo que pueda venir después. Nacemos sabiendo vivir
el presente, pero conforme llegamos a la vida adulta dejamos atrás esta
idea.

La felicidad no es una meta

No pienses en la felicidad como una meta, en que el día de mañana podrás hacer todo aquello que no hiciste hasta ahora. La felicidad como meta solo dura un momento o unos pocos minutos. Pero si piensas la felicidad en el camino que estás trazando, esta durará toda la vida. Abre los ojos a todas las cosas que suceden a tu alrededor, por dura que sea la situación. ¿Crees que no puede pasar nada bueno? Observa bien y te darás cuenta que todos los días son únicos, nuevos y especiales. Nada en esta vida se repite. Que no te importe el futuro porque no existe. Solo podemos estar seguros de lo que es nuestro ahora.

Esperar es un estado mental

«Básicamente, significa que deseamos el futuro, no deseamos el presente. No queremos lo que ya tenemos, y queremos lo que no tenemos. En todo tipo de espera, inconscientemente generamos un conflicto interno entre el aquí y ahora (donde no queremos estar) y el futuro imaginado (donde queremos estar). Esto reduce drásticamente nuestra calidad de vida, ya que nos perdemos de vivir el presente.

No tiene nada de malo esforzarnos por mejorar nuestra calidad de vida. Sin embargo, podemos mejorar las circunstancias, pero no podemos mejorar la vida misma. La vida es una realidad primaria. La vida es nuestro propio Ser interior más profundo. Es íntegra, completa, perfecta en sí misma. La calidad de vida abarca las circunstancias y las experiencias, y no tiene nada de malo fijarnos metas y esforzarnos por alcanzarlas. El error está en identificarlas con la vida misma, con el Ser. El único punto de acceso a la vida es el Ahora.»

Eckhart Tolle

Mira a los ojos a las personas que te rodean

Cada persona que convive contigo es única. Abre tu corazón y muestra tu aprecio con una sonrisa. Piensa en el interior de cada una de ellas y en los momentos que compartes, alegres, tristes, simpáticos, únicos. Trata de conocer cuáles son sus inquietudes, sé empático con ellas. Una persona es un universo por sí misma, trata de valorarla como se merece.

Renuncia a controlarlo todo

Muchas personas sienten la tendencia a controlarlo todo, lo que es una fuente de tensión y estrés. Para vivir de forma natural el presente, debes asumir que muchas situaciones se pueden escapar de tu control, aprenderás que las circunstancias pueden fluir por sí solas. Así adoptarás una actitud más relajada que te permitirá concentrarte en tu salud y no en los problemas que deriven de esta crisis.

Deja atrás tus prejuicios

Las ideas preconcebidas son unas de las principales barreras que te impiden disfrutar de cuanto tienes a tu alrededor. Seguro que puedes ser más espontáneo y vivir conforme a tus necesidades y deseos. Es el momento de encontrar la belleza en todas aquellas actividades que antes te parecían rutinarias: si dejas atrás tus prejuicios todas las tareas se tornarán más agradables.

Anciano sabio

Un hombre se le acercó a un sabio anciano y le dijo:

Me han dicho que tú eres sabio… Por favor, dime ¿qué cosas puede hacer un sabio que no está al alcance de las demás de las personas?

El anciano le contestó: cuando como, simplemente como; duermo cuando estoy durmiendo, y cuando hablo contigo, sólo hablo contigo.

Pero eso también lo puedo hacer yo y no por eso soy sabio, le contestó el hombre, sorprendido.

Yo no lo creo así, le replicó el anciano. Pues cuando duermes recuerdas los problemas que tuviste durante el día o imaginas los que podrás tener al levantarte. Cuando comes estás planeando lo que vas a hacer más tarde. Y mientras hablas conmigo piensas en qué vas a preguntarme o cómo vas a responderme, antes de que yo termine de hablar.

El secreto es estar consciente de lo que hacemos en el momento presente y así disfrutar cada minuto del milagro de la vida.

Las emociones nos anclan al presente

Puede que estés sumido en un periodo de rabia, tristeza o miedo. Es posible que, cuando la gente cercana a ti te indague sobre el asunto, tú tiendas a negarlo. Que evites manifestar esa emoción negativa. Toda emoción tiene su razón de ser y cumple una función. Es el sentimiento inherente a este fragmento de tu vida y puede ayudarte a anclarte al momento presente. Es una señal de que estás vivo, no lo olvides.

Una enseñanza del Dalai Lama

«Lo que más me sorprende del hombre occidental es que pierden la salud para ganar dinero, después pierden el dinero para recuperar la salud. Y por pensar ansiosamente en el futuro no disfrutan del presente, por lo que no viven el presente ni el futuro. Y viven como si no tuvieran que morir nunca, y mueren como si nunca hubieran vivido.»

Dalai Lama

Déjate llevar

Dicen que cuando una ola te arrastra en el mar es mejor dejar de luchar para que no nos revuelque. Lo ideal es dejarnos llevar dentro de ella y en cuanto rompa en la orilla, salir. Algo así debes hacer, déjate llevar, fluye, actúa con lo que es controlable por tu parte, pero no trates de estar todo el día preguntando y contestando a cuestiones cómo: «¡pero cuánto tiempo va a durar esto!», «¿nos estará diciendo la verdad?», «esto empieza a ser demasiado»... porque no tenemos respuestas.

Una cosa es aceptar, otra resignarse

La incertidumbre de estos momentos no la puedes cambiar, pero sí puedes hacer pequeños cambios. Deja de quejarte todo el día, no te abandones, mantén tu higiene personal y te sentirás mejor. No busques el miedo en los otros buscando esa complicidad que justifique tu inactividad. La vida se divide en parte en lo que nos toca vivir y en parte lo que uno elige vivir. No puedes evitar las circunstancias actuales pero sí puedes escoger la manera cómo deseas vivirlas.

Hacia una sociedad de servicios entre humanos

«Me extrañaría mucho que en los diez años que vienen no hubiese catástrofes ecológicas importantes, y los diez últimos años se han perdido. Atención, las epidemias no lo son

todo. Y creo que entramos en un nuevo tipo sociedad: una sociedad de servicios, como decían los economistas, pero de servicios entre humanos. Esta crisis empujará hacia arriba la categoría de los cuidadores: no pueden seguir estando mal pagados. Al mismo tiempo, con estas crisis hay posibilidades de que un choque económico produzca reacciones que llamo de tipo fascista. Pero no me gustaría hablar demasiado del futuro, prefiero centrarme en el presente.»

Alain Touraine

Presta atención a las cosas que te dan energía positiva

☆ ☆ ☆

No te recrees en los aspectos negativos

Al recrearte en los aspectos negativos de una crisis puedes llegar a sentir con más incidencia sentimientos de soledad, de miedo... Y la negatividad merma tu sistema inmunológico, te hace más vulnerable y con menor capacidad de respuesta tanto psicológica como física.

Evita la inactividad

Trata de marcarte un objetivo a medio plazo, hazte propuestas semanales, como mejorar en un idioma, aprender a tejer, moldear figuras

de barro o fabricar cucharas de madera. La planificación de actividades que te den energía positiva te ayudará a sobrellevar cualquier situación y encararla con mejor predisposición.

Las majestuosas secuoyas son un ejemplo

Las majestuosas secuoyas nos enseñan una valiosa lección sobre apoyo mutuo. A medida que crecen, estos árboles incorporan a su estructura básica piedras u otros árboles que están a su alcance. A pesar de que las secuoyas tienen raíces poco profundas, destacan por su fuerza y longevidad, que se debe a que comparten sus raíces con otros. Cada árbol es atraído hacia el conjunto y, a su vez, ayuda a sostenerse a todo el grupo. Diríase que esa adaptación es eficaz, pues las secuoyas son de los seres vivos más antiguos de la Tierra. Para sobrevivir y salir adelante nosotros también debemos aprender a compartir nuestras raíces con los demás, pedirles ánimo y apoyo cuando lo necesitamos y estar preparados para darlo a quien nos lo pide.

Ser positivos en tiempos difíciles

Circulan muchas historias sobre compras desenfrenadas y peleas por algunos alimentos no perecederos y por el papel higiénico. Pero el virus también ha dejado actos ejemplares en todo el mundo. Dos neoyorquinos reunieron a 1.300 voluntarios en 72 horas para entregar alimentos y medicamentos a personas mayores y vulnerables de su ciudad. Miles de personas en Reino Unido se unieron a grupos locales creados para combatir el virus y otros tantos se formaron en Canadá. Supermercados de todo el planeta, desde Argentina hasta Australia, pasando por España, crearon una hora de la tercera edad para que los más mayores y solo ellos, pudieran ejercer como consumidores minimizando el riesgo de contagio con personas jóvenes asintomáticas. Mucha gente donó dinero, compartió recetas, envió mensajes alentadores y transformó negocios en centros de distribución de alimentos.

La calma reemplaza al caos

¿Te has dicho alguna vez «hoy estoy fuera de mí»? Nuestras vidas son con frecuencia como una tormenta de otoño que azota las ramas y lanza las hojas de nuestra concentración y bienestar a los cuatro vientos, haciendo que nos preguntemos cómo podemos seguir. Cuando nos sentimos deshechos, estamos energéticamente fuera de nosotros y necesitamos rehacernos. Cierra los ojos y visualiza tu yo físico, emocional y mental. Puede aparecer en cualquier forma o presentarse meramente como sensaciones. Si tu estado de ánimo es caótico, todo te parecerá que se mueve rápidamente y, posiblemente, girando sin control. Después de ver o sentir esos tres aspectos de ti, visualiza tu Yo Mayor, tu parte espiritual, por encima de los otros tres. Repite suavemente «Juntos, juntos, juntos» tres veces, o sea, en total nueve veces juntos. Cuando repitas esas palabras, imagina los símbolos de tus aspectos físico, emocional y mental que se unen y finalmente se integran en tu parte espiritual. Mientras lo visualizas, repite las series de nueve juntos hasta que todas las partes se fundan y sientas que la calma reemplaza el caos. Aunque este ejercicio pueda parecer simplista, habla poderosamente a nuestro subconsciente y nos permite reunir nuestra energía y, por tanto, equilibrar y armonizar naturalmente nuestras sensaciones.

Nadar en aguas emocionales estables

Un factor inestimable para establecer una red de seguridad es encontrar aguas emocionales flotables que nos mantengan cuando nos parece que podemos hundirnos. Es esencial tener una atmósfera que nos ayude a mantenernos en la superficie del agua para no tener que agitarnos y luchar desesperadamente. Al crear un entorno que nos ayude a mantenernos a flote es crucial que tratemos de rodearnos de

personas que son flotadores, en lugar de pesos alrededor del cuello. La gente positiva nos acepta como somos y está verdaderamente interesada en nosotros. Son amables y no nos hunden ni nos desprecian. En su presencia nos sentimos bien. Por supuesto, es esencial que nuestras voces internas también sean positivas, que nos hablemos apoyándonos y animándonos, porque aunque estemos rodeados de personas flotadoras, si nos hablamos como si lleváramos zapatos de hormigón, nos hundiremos. La voz que siempre está presente en nuestras vidas es la nuestra, por eso es imprescindible que nos aliente, que no nos hunda, y que nuestras actitudes hacia nosotros sean de aceptación y confianza para mantener nuestro espíritu a flote. Somos nuestro flotador más importante e influyente.

No busquemos culpables

«Somos víctimas de víctimas, nadie nos ha enseñado a vivir. Los tutores, maestros etc., lo han hecho lo mejor que han podido y sabido. Siempre hay un motivo para hacer las cosas. Según el momento en que nos encontremos así actuamos. Siempre haciendo lo que creo que es lo mejor en ese preciso momento. En el aquí y el ahora. No te culpes  por no haberte dado cuenta antes. Ni creas que es muy tarde para cambiar. Yo quiero que hasta el último día de mi vida, sin importar la edad que tenga, seguir cambiando para mejorar mi vida. Hasta que como "yogui en prácticas" llegue a la Realización del Ser. Eso requiere cambios: cambios en mí, en mis defectos de carácter, en mis actitudes sintiéndome bien conmigo misma, y con el prójimo.»

Louise Hay

El valor de solidaridad

La psicóloga italiana Francesca Morelli nos habla de que una de las lecciones positivas que nos está dando esta pandemia es el valor de la solidaridad: «En una fase social en la que pensar en uno mismo se ha vuelto la norma, este virus nos manda un mensaje claro: la única manera de salir de esta es hacer piña, hacer resurgir en nosotros el sentimiento de ayuda al prójimo, de pertenencia a un colectivo, de ser parte de algo mayor sobre lo que ser responsables y que ello a su vez se responsabilice para con nosotros».

Acepta y comprende

Aunque no siempre podemos alterar las circunstancias, siempre podemos variar el modo en que las percibimos. Al transformar nuestra actitud crítica y juzgadora por la aceptación y la comprensión, afianzamos
nuestra red de estabilidad personal.

Aprende a mantenerte en tu centro

☆ ☆ ☆

Busca la armonía y el equilibrio emocional

Estos días tan extraños pueden ocasionarte una sensación de pérdida, de desorientación, de no saber cuáles son tus objetivos en la vida. Puede que hayas perdido tu trabajo, o que la relación con la persona con la que convives se haya deteriorado. Más que nunca es necesario que trates de conectar con tu Yo más íntimo, que busques tu esencia. Ser quien realmente eres y que nada te perturbe. Debes buscar la armonía y el equilibrio emocional, que son los pilares sobre los que asentar tu persona.

Un héroe a la espera de una llamada

Stephen Gilligan y Robert Dilts escribieron hace un tiempo un libro magnífico titulado *El viaje del héroe*, donde explican diferentes ejercicios y prácticas que guardan relación con el despertar y lo que la vida pide de ti. Durante el viaje por la vida superamos una serie de retos y desafíos en el que aprendemos valiosas lecciones que nos sirven para regresar al lugar de inicio transformador. Realizamos varios de estos ciclos a lo largo de nuestra vida. Por eso se dice que es un viaje circular. El verdadero viaje es una evolución, un descenso al inconsciente. Y cada etapa del viaje es también un nivel de conciencia, un arquetipo que el héroe necesita incorporar y dominar.

1. El espíritu elige vivir la experiencia en este tiempo, familia, en esta ciudad, en este país…

2. El espíritu está despertando a través de un sistema nervioso humano (tu cuerpo físico).

3. Cada vida es un viaje del héroe. En ella se te unen muchos momentos y seres para ser ayudado: guardianes, y ellos te recuerdan a qué has venido. La llamada son experiencias particulares más negativas para darte toques de atención.

Lo divino vive en ti

«La única posibilidad de transformar el mundo que nos rodea es el viaje hacia dentro de uno. El privilegio de una vida es ser quien uno es. La postura del guerrero es decir: SÍ a la vida. Es estar dispuesto a liberarnos de la vida que planeamos para tener la vida que nos está esperando. La eternidad es una dimensión de aquí y ahora. Lo divino vive en ti, para ello hay que vivir desde nuestro centro, responsabilizarse y atender a la llamada.»

Stephen Gilligan

No abarques más de lo que puedes

Sé consciente de hasta dónde puede llegar tu cuerpo manteniendo ese equilibrio que te es tan necesario. No te sientas frustrado si tus expectativas eran demasiado altas y no has llegado a alcanzarlas. Si no llegas hasta donde te propusiste en determinadas tareas no es más que la señal evidente que habías superado lo que podías hacer.

Permite que la vida te sorprenda

Cualquier situación desconocida genera temor al no poder ser controlada. Pero el control no es más que una seguridad ficticia. Por lo tanto, plantéate si ese «control» que te gustaría tener sobre todas las cosas no te genera más tensión y preocupación de lo necesario. Si te sueltas, dejas de preocuparte y tratas de expresarte de una manera natural, sin juicios ni expectativas, te sorprenderás de tus reacciones.

Responsabilidad

- Los pensamientos crean la realidad. Crean tu mundo. También el mundo de los demás.

- Tus pensamientos de armonía crean armonía o lo contrario, no sólo en lo que ves.

- Luz y amor se está creando todo el día, la hora de meditación es solo una parte.

- Tomar consciencia y dejar de responsabilizar a lo externo: eclipses, personas, situaciones.

- Responsabilízate por tus vivencias. Las repeticiones son una señal de lo que hay que volver a mirar. Una oportunidad para Sanar.

¿Dónde hallas tu centro?

Tu centro es un estado de serenidad y quietud interno, una boya a la que agarrarte cuando el oleaje emocional remueve tu interior y ves tu paz perturbada.

Todo cambia en el mundo de hoy. Nada es como lo conocíamos hasta hace unas fechas. Si observas una montaña verás cómo el proceso de erosión va cambiando su silueta con el paso del tiempo. Nada de lo que vemos, tocamos o percibimos a través de los sentidos es eterno.

Pon atención a la atención

La atención significa que eres consciente de lo que sucede a tu alrededor, en el aquí y el ahora. Obsérvate a ti mismo y a tu entorno. Observa tu respiración: es la mejor herramienta para dejar atrás pensamientos que te inquietan. Respirar con atención te ayudará a ver las cosas con la calma necesaria y veas dónde estás. Todo cambio es creado en el momento presente, a partir del cual podrás cultivar la tierra fértil que dará los mejores frutos.

Deja que la necesidad desaparezca de tu interior

No proyectes, no permitas que las creencias se establezcan en tu mente. Límpiala cada día como se limpia la casa. Limpia tu mente de creencias, de conceptos, de teorías, de ideologías, de filosofías, de doctrinas, de escrituras. Limpia tu mente de la verborrea que te rodea e intenta mirar la realidad de otra manera.
Un mirar desnudo.

La piedra de Heráclito

- Sabemos que la misma agua no pasa dos veces por el mismo cauce.

- Sabemos que la misma piedra no es pulida dos veces por la misma agua.

- Sabemos que cada mañana un río nuevo amanece y al entrar la noche se hace océano.

- Sabemos entonces que de los tantos ríos que han pasado por un mismo cauce queda como testimonio una isla habitando entre aguas invisibles.

- Testigo mudo de que esa piedra sin moverse ya estuvo en el mar.

Encuentra la paz interior

✦ ✦ ✦

Cuando la tormenta pase
y se amansen los caminos,
y seamos sobrevivientes
de un naufragio colectivo.
Con el corazón lloroso
y el destino bendecido
nos sentiremos dichosos
tan sólo por estar vivos.
Y le daremos un abrazo
al primer desconocido
y alabaremos la suerte
de conservar un amigo.
Y entonces recordaremos
todo aquello que perdimos
de una vez aprenderemos
todo lo que no aprendimos.

(…)

Entenderemos lo frágil
que significa estar vivos.
(...)
Cuando la tormenta pase
te pido Dios, apenado,
que nos devuelvas mejores,
como nos habías soñado.

«Esperanza», de Alexis Valdés

Hay una voz dentro de ti, escúchala

Todos tenemos una sabiduría interior que a menudo despreciamos. Aunque instintivamente sepamos que una persona o una circunstancia nos son desfavorables, seguimos acusándonos de ilusas o hipersensibles. En otras palabras, no escuchamos la sabia vocecita que hay dentro de nosotros. Tenemos que prestarle atención, porque puede ser un consejo de nuestro sabio «yo» para que demos media vuelta y echemos a correr.

El dolor es inevitable, pero el sufrimiento es opcional

Vivir situaciones convulsas, enfermedades que nos hacen sufrir y nos hacen daño físico o psicológico es parte de la vida. Cuando lo pasamos mal por alguna circunstancia adversa a veces nos cuesta volver a reponernos. Pero cuando pasa el proceso de recuperación, somos nosotros los que decidimos si nos quedamos estancados en el recuerdo. Es decisión nuestra superar las malas experiencias lo antes posible y encontrar la paz en las pequeñas cosas del día a día.

¿Estás en paz contigo mismo?

Un monje que buscaba la paz interior y la Iluminación se retiró a una pequeña isla desierta y alejada. Se comprometió a no enojarse más, a no estar triste ni eufórico sino simplemente a estar realmente consigo mismo en paz.

También se prometió no abandonar aquella isla y contentarse con su compañía. Escogió un lugar, se sentó cerca de un árbol, se quedó quieto y meditó. Después de muchos años de meditación y silencio, pensó que había llegado a la Iluminación. Se sentía tranquilo, revitalizado y fresco, en completa sintonía con aquella isla y consigo mismo.

Estaba tan contento que decidió enviar una carta a su maestro anterior, agradeciéndole por sus enseñanzas, y contándole que había alcanzado la Iluminación, que ya nada del mundo lo agobiaba o importunaba y que jamás abandonaría aquella plácida isla.

El monje recibió una respuesta. Abrió con entusiasmo la carta y, para su sorpresa, solo leyó una serie de insultos contra su persona. El monje se enojó tanto que decidió abandonar la isla para pedirle una explicación a su antiguo maestro.

Cuando se encontraron, le preguntó qué significaban aquellos insultos. El abad sonrió y le dijo:

— Dijiste que estabas Iluminado, que nada en el mundo te agobiaba y que no abandonarías la isla. Si unas meras palabras pueden enfadarte tanto y hacerte olvidar todo lo que has dicho, ¿realmente estás en paz contigo mismo?

¿Todo es tan relevante como crees?

Hay personas que hacen de las cuestiones más triviales un gran problema. Evitar generar grandes problemas donde no los hay te hará la vida más fácil, más ligera, más positiva y menos estresante. Si tú y los tuyos tenéis buena salud, ¡disfrútalo! No hagas un problema donde no lo hay. Cuando el estrés nos domina la solución más rápida es dramatizar los problemas y crear situaciones de urgencia. Relaja tu mente y plantéate si realmente todo es tan relevante como crees.

Ver el mundo en un grano de arena

«Para ver el mundo en un grano de arena y el cielo en una flor silvestre, despliega el infinito en la palma de la mano y la eternidad en una hora.»

William Blake

Relaja tu mente

☆ ☆ ☆

Todo va a ir bien

Katy Sainz, experta en yoga y meditación, nos enseña las claves idóneas para conseguir mantener la mente fuerte en momentos difíciles.

1. Al despertarnos, antes de salir de la cama, pensar en las cosas buenas de la vida y recordar que tenemos que estar agradecidos de estar aquí.

2. Una ducha para comenzar el día es un chute de energía, ponte una playlist de música con sonidos la naturaleza.

3. Siéntate en tu esterilla en postura de meditación, llevando la atención a tu respiración y escuchando lo sonidos de la naturaleza que están sonando. No le des vueltas a nada, solo limítate a tu respiración y el sonido relajante que te transportará. (Intenta hacerlo diez minutos y finaliza cantando tres oms.)

4. Ya puedes desayunar, prepara algo especial que te haga sentir bien y disfrutar de la comida antes de comenzar tu rutina diaria.

5. Si tienes que teletrabajar piensa que son tus horas de desconexión y si no es tu caso, dedícate más tiempo y comienza a practicar yoga.

6. Una sesión de treinta minutos te ayudará a estar más en equilibrio y sentirte conectado. Si tienes la suerte de tener jardín camina descalzo y conecta con la tierra; en caso de que no tengas, no pasa nada, abre la ventana, ventila tu habitación, tu salón y respira el aire nuevo que entra, cierra los ojos y siente como al inhalar te purificas y al exhalar sacas todo lo que no quieres: miedo, agobio, ansiedad, todo lo negativo…

7. Elige tu mantra y repítelo: «Estoy bien, todo va a estar bien. Estoy en paz, estoy sano. Gracias»

No somos nuestros pensamientos

«Lo único que hacemos es experimentar lo que sucede en nuestra mente y cómo esto se relaciona con todo lo que ocurre a nuestro alrededor. Lo más importante no es el objeto, sino el propio hecho de atenderse a uno mismo y sobre todo, el darse cuenta de que no somos nuestros pensamientos.»

Jon Kabat-Zinn

Busca el sonido que te haga sentir en calma

Siéntate en algún lugar cómodo y pon música suave, de violines, guitarra, naturaleza, agua, música clásica, etc. Cada persona es un mundo y, para lo que uno puede ser relajante, para otro no tiene por qué serlo. Por ello, busca el sonido o música que te haga sentir en calma.

Cierra los ojos y sumérgete en esas notas. Imagina que las notas musicales cobran forma y van hacia ti, entran en tu mente y cuerpo y te hacen sentir en paz. Siente ese estado de conexión con la música. Penetra en ti y te limpia de toda negatividad, te deja en un estado de relajación total.

El mundo no es sino música

«En la música todos los sentimientos vuelven a su estado puro y el mundo no es sino música hecha realidad.»

Arthur Schopenhauer

La imaginación, un arma poderosa en tiempos de crisis

La imaginación te puede llevar allá donde precises. Puedes tumbarte boca arriba y crear tu propio viaje mental. Piensa en algún lugar que ya conoces, ese que te da tanta paz y sosiego en momentos difíciles de tu día a día en el trabajo. Pues ahora piensa que estás ahí, respira hondo y visualiza lo bien que te lo estás pasando. Es tu propia película, allí donde solo tú eres el protagonista. Relájate y siente la felicidad y la calma en tu mente.

Quita importancia a los pensamientos negativos

Un pensamiento tiene el poder que les das tú. Puedes creerlo o no en cualquier momento. Los pensamientos se forman de una manera espontánea y fugaz. Puedes verlos desde fuera y elegir no identificarte con ellos. Piensa si son convenientes para ti o no. Tienes el poder de elegir en cada momento cómo te afectan y seleccionar los que te interesen. Puedes establecer un filtro y dejar pasar solo los que te convengan, rechazando el resto. Esta es una buena forma de no seguir el hilo de los pensamientos que te agobian.

El orden dentro del desorden

Para Mariana Caballero, especialista en Terapias de Sanación Energética: «Es muy importante la actitud con la que enfrentamos cualquier situación porque de nuestra actitud y de nuestra intención dependerá el resultado o cómo transitemos el camino. Es trascendente comprender que el caos no es eterno, que es pasajero y que viene a enseñarnos y a movernos de nuestra zona de confort aceptando que si nos está sucediendo es porque estamos preparados para transitarlo. También podemos aceptar encontrar el orden dentro del desorden para ir transitándolo de una manera que nos genere menos angustia».

Una oportunidad para resetear nuestras mentes

Matt Haig sostiene que es este mundo nervioso y rápido en el que vivimos el que crea individuos nerviosos, al límite. Estamos más conectados que nunca y sin embargo nunca hemos estado más solos. Esta aceleración se traduce además en un bombardeo informativo que nos exige estar al tanto de las noticias que se suceden, sin tiempo para reflexionar ni resetear nuestras mentes. Si el sistema parece diseñado para hacernos infelices, ¿hay algo que podamos hacer al respecto? ¿Se pueden reorganizar las prioridades?

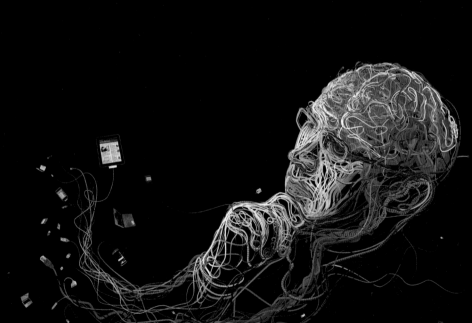

¿Por qué te deprimes pensando en lo que podría ocurrirte?

Es lógico que la sobreabundancia de información, las imágenes de gente asaltando los supermercados o el número de fallecidos puedan provocar miedo en muchas personas. Sabemos que el virus causa problemas de gravedad, la muerte en ancianos y personas con problemas de salud. Pero la mayoría de personas, por suerte, se recuperan, y quienes se contagian lo hacen a través de síntomas leves o moderados. La recuperación, en estos casos, no va más allá de dos semanas, seis a lo sumo en los casos más graves. Entonces, ¿vale la pena deprimirte pensando en lo que te podría ocurrir?

Si no puedes cruzar una puerta

«Tengo mi propia versión del optimismo. Si no puedo cruzar una puerta, cruzaré otra o haré otra puerta. Algo maravilloso vendrá, no importa lo oscuro que esté el presente.»

Rabindranath Tagore

Practica el mindfulness

☆☆☆

Regular tus propias emociones

Mindfulness significa «atención plena», prestar atención a nuestras experiencias en el presente, sin crear expectativas. Significa, pues, regular las emociones y actuar de manera más altruista en situaciones difíciles, que requieren de nuestras capacidades de autocontrol. Sabemos que los mecanismos del miedo son adaptativos, que nos avisan de los peligros que se ciernen, de las posibles amenazas. Pero cuando se activa ese mecanismo de manera continuada se convierte en un problema.

Enfoca tu atención en la respiración

Para calmar nuestro sistema nervioso, lo primero que hay que hacer es tratar de relajarnos. Para ello, nada menor que enfocar nuestra atención en la respiración, evitando así los pensamientos de preocupación.

Colócate en una posición cómoda sentada o tumbada. La espalda que esté recta, no rígida, y si estás sentado, la barbilla ligeramente inclinada hacia abajo. Brazos y pies no se cruzan. Cuando inspires pon las manos sobre la parte superior del abdomen, justo debajo del pecho, y siente cómo el vientre se hincha de aire como si fuera un globo. Con cada exhalación, siente cómo el globo se desinfla del todo e imagínate que el ombligo se hunde hacia dentro hasta tocar casi la columna. Respira de forma natural, sin forzar el ritmo, sin intentar coger más aire o cambiar el ritmo. Todo tiene que ser suave, cómodo, amable.

Con cada inspiración visualiza cómo el aire limpio y tibio entra en tu estómago a través de tus fosas nasales, pasa después a tus pulmones y después al resto de tus músculos y órganos de tu cuerpo, oxigenando, limpiando y purificando todo tu organismo. Con cada espiración, siente cómo se liberan las tensiones acumuladas, músculos agarrotados se sueltan, van quedando flojos, observa y disfruta de la sensación de alivio y relajación que va recorriendo tu cuerpo. A medida que vas soltando el aire, también sueltas los bloqueos, las molestias musculares, suelta todo lo que no te sirva ya sea físico, mental o emocional…

Comprender la impermanencia

 Para el doctor Javier García-Campayo, médico psiquiatra en el Hospital Universitario Miguel Servet de Zaragoza, la «impermanencia» es hacernos conscientes de que todo está sometido a cambio: los sucesos externos (como esta pandemia o cualquier otro fenómeno) y los internos (nuestros pensamientos y emociones, sean positivos o negativos). Generalmente, nos centramos en el aspecto negativo de la «impermanencia»: saber que aquello que nos gusta y estamos disfrutando desaparecerá. Pero el aspecto positivo es que cuando ocurren situaciones negativas, como las que estamos viviendo ahora, sabemos que también pasarán. Por tanto, no hace falta quedarse atrapado por el miedo o la preocupación, sino hacer aquello que es adecuado para disminuir nuestro sufrimiento y el de los demás y reconectar con nuestro sentido de la vida. Como dice el refrán español: «No hay bien ni mal que cien años dure». Comprender la «impermanencia» te permite pasar por el mundo sin apego.

El hombre en busca de sentido

El hombre en busca de sentido es el título de un libro que encierra una profunda belleza y extraordinarias dosis de humanidad. El autor, Viktor Frankl, narra en primera persona el horror que sufrió en campos de concentración alemanes durante la Segunda Guerra Mundial. En el libro están presentes el horror, el sufrimiento, el miedo, la desesperación, pero también brota la idea de que, pese a todo, la vida es digna de ser vivida y que la libertad interior y la dignidad humana son indestructibles.

Frankl reflexiona sobre la capacidad de trascender las dificultades y descubrir la verdad profunda que da sentido a nuestras vidas. «Fue entonces cuando aprehendí el significado del mayor de los secretos que la poesía, el pensamiento y el credo humanos intentan comunicar:  la salvación del hombre está en el amor y a través del amor. Comprendí cómo el hombre, desposeído de todo en este mundo, todavía puede conocer la felicidad», dice Frankl.

Llevados por los grandes vientos a través del cielo

«En este momento, podemos sentarnos tranquilamente, respirar profundamente y tomar conciencia de nuestro miedo y aprensión, de nuestra incertidumbre e impotencia… Y sostener todos esos sentimientos con un corazón compasivo. Podemos decirles a nuestras emociones y a nuestra incertidumbre «gracias por tratar de protegerme» y «por ahora, estoy bien». Podemos dejar reposar nuestros miedos en el  regazo de Buda, la Madre María, Quan Yin… depositarlos en los corazones de los valientes médicos y científicos que cuidaron del mundo en epidemias anteriores.

Cuando hacemos esto, podemos sentirnos como parte de algo más grande que nosotros mismos. De generaciones de supervivientes en la vasta red de la historia y de la vida "siendo llevados", como dicen los ancianos del pueblo nativo americano Ojibwa, "por los grandes vientos a través del cielo". Estos son tiempos de misterio e incertidumbre.

Respira. Los velos de la separación se están desvaneciendo y la realidad de la interconexión resulta ahora evidente para todos nosotros en la Tierra. Hemos necesitado esta pausa, quizás incluso hayamos necesitado nuestro aislamiento para ver cuánto nos necesitamos los unos a los otros.»

Jack Kornfield

Pautas para reducir la ansiedad con el mindfulness

Si la ansiedad te supera y vives con estrés estos momentos, puedes seguir estas pautas de mindfulness que te ayudarán a sobrellevarlo de la mejor manera posible:

- Regula tu respiración: Siente cómo tu respiración recorre tu cuerpo, llénate de vida y trata de mantenerte centrado en ti, en el ahora mismo.

- Visualiza una imagen positiva: Una imagen que esté asociada a algo hermoso, a un paisaje que te sea familiar y te transporte a un lugar de paz. Si te quitas el miedo, conseguirás relajarte.

- Enfócate en una actividad que requiera atención: Dedica el tiempo libre que tengas a alguna actividad que te aleje de los pensamientos negativos, como colorear un mandala, ver una serie de televisión o leer esa novela que te aguarda en tu mesilla de noche desde hace tiempo.

- Sigue las recomendaciones sanitarias respecto a la higiene. Lava regularmente tus manos con agua y jabón, toma una ducha regularmente o un baño con sales de vez en cuando.

- Observa tus temores y no luches contra ellos. Trata de analizarlos desde el exterior, con la calma y el sosiego que mereces llevar como compañía.

Agradece lo que tienes

☆ ☆ ☆

¿Cómo va a ser tu día hoy?
Esta mañana desperté emocionado
con todas las cosas que tengo que hacer
antes que el reloj sonara.
Tengo responsabilidades que cumplir hoy. Soy importante.
Mi trabajo es escoger qué clase de día voy a tener.
Hoy puedo quejarme porque el día está lluvioso
o puedo dar gracias porque las plantas están siendo regadas.
Hoy me puedo sentir triste porque no tengo más dinero
o puedo estar contento porque mis finanzas me empujan
a planear mis compras con inteligencia.
Hoy puedo quejarme de mi salud
o puedo regocijarme de que estoy vivo.
Hoy puedo lamentarme de todo
lo que mis padres no me dieron mientras estaba creciendo
o puedo sentirme agradecido de que me permitieran haber nacido.
Hoy puedo llorar porque las rosas tienen espinas
o puedo celebrar que las espinas tienen rosas.
(…)
Lo que suceda hoy depende de mí. Yo debo escoger qué tipo de día
voy a tener.
Que tengas un gran día… a menos que tengas otros planes…

Mario Benedetti

Un testimonio personal

Meritxell Ripoll contó por las redes sociales cómo estaba siendo su experiencia como enferma de coronavirus en su casa de Zaragoza, sola y separada de sus hijos de 12 y 8 años. Una de las muestras más emocionantes que recibió fue una mañana, cuando escuchó un ruido en su puerta y vio un papel que alguien había deslizado por el suelo. Con lágrimas en los ojos pudo leer: «Hola, perdona que te moleste. Soy tu vecina de abajo. Esta mañana he visto un vídeo que creo que eras tú hablando sobre que te habías contagiado con este maldito coronavirus. Solo decirte que si es así, puedes llamarme cuando quieras, si necesitas que vaya a comprarte comida, medicamentos, cualquier cosa, no dudes en llamarme. ¡Muchísimo ánimo! ¡Esto también pasará! Un abrazo fuerte».

Pequeñas cosas sobre la gratitud que cambiarán tu vida

1. Cuanto más agradecido seas, más cosas atraerás para agradecer.

2. Ser feliz no siempre te hará agradecido, pero ser agradecido siempre te hará feliz.

3. La gratitud fomenta el verdadero perdón, que es el único con el que puedes decir sinceramente «Gracias por esa experiencia».

4. Nunca necesitarás más de lo que se te ha dado.

5. La gratitud lo incluye todo.

6. No olvides que la mayor gratitud no se queda simplemente en pronunciar palabras, hay que vivir en base a ellas todos los días.

7. La gratitud incluye devolver.

8. El mayor homenaje a las personas y experiencias que has perdido no es el dolor, es la gratitud.

9. Para ser verdaderamente agradecido debes estar en el presente.

10. Desprenderse del control multiplica el potencial de gratitud.

La llave de la puerta a la gratitud

«La gratitud abre la puerta al poder, a la sabiduría y a la creatividad del Universo. Tú abres la puerta a través de la gratitud.»

Deepak Chopra

Dar las gracias beneficia tu bienestar emocional

La gratitud representa una habilidad primordial para desarrollar y mantener niveles adecuados de bienestar emocional, satisfacción y calidad de vida. Los psicólogos McCullough, Emmons y Tsang hallaron evidencias de este concepto en 2002: la gratitud se asocia a factores como el optimismo, la esperanza, la vitalidad, la empatía, la satisfacción con la vida y la felicidad. Así que, si gozas de buena salud, agradécela. A quien quieras. A Dios si eres creyente, a la naturaleza o la vida misma. Pero no dejes de hacerlo.

Un hábito de vida

«Hay dos clases de gratitud: la condicional y la incondicional. La primera consiste en sentirse bien cuando las cosas salen como uno espera. Como no siempre es así, acaba siendo una emoción esquiva y poco duradera. La segunda consiste en una actitud y un hábito de vida, sentirse bien sin que haya ocurrido nada especial; es decir: estar agradecido por todo y por nada a la vez. Y al no estar condicionada por ningún otro acontecimiento, esta actitud es la precursora de la felicidad y el éxito personal en la vida.»

Raimón Samsó

Cuida tus relaciones personales

✩ ✩ ✩

La importancia de la interacción social

El virus no solo ha atacado nuestra salud y nuestro modo de vida (esto último quizá merecidamente). También ha sido un torpedo en la línea de flotación de nuestra capacidad de socialización. El aislamiento y las medidas de higiene nos obligan a replantarnos la importancia de la interacción social. Ahora que casi todo el mundo renegaba de los «malditos» grupos de wattsapp, resulta que no están tan mal cuando nos vemos obligados a mantener una cierta distancia social y solo los chats y las videollamadas nos acercan a los amigos y familiares. Francesca Morelli es muy clara en este aspecto: «Cuando las relaciones interpersonales, la comunicación, la socialización, se realizan en el (no)espacio virtual, de las redes sociales, dándonos la falsa ilusión de cercanía, este virus nos quita la verdadera cercanía, la real: que nadie se toque, se bese, se abrace, todo se debe de hacer a distancia, en la frialdad de la ausencia de contacto. ¿Cuándo hemos dado por descontado estos gestos y su significado?»

Recesión social

Así es como han bautizado los medios anglosajones a esta crisis. Si los efectos sobre la macroeconomía parecen devastadores, el hecho de estar durante semanas encerrados en nuestras casas también ha producido un efecto muy negativo sobre nuestra vida social, sobre la forma como nos relacionamos con los otros. El ser humano está forjado con rasgos asociativos, y las videollamadas no son suficientes para paliar su déficit.

El Universo te devuelve todo aquello que le has dado

- Una buena forma de cuidar las relaciones personales es expresar qué sentimos hacia nuestros amigos y familiares. Verbalizarlo, ¿por qué no? Si creemos que esa persona es estupenda, que está pasando por un mal momento, debemos tener la confianza imprescindible para hablar con ella.

- No hay que dejar pasar mucho tiempo entre un contacto y otro. El móvil es, a día de hoy, un gran recurso para mantener el contacto e interesarnos por la vida de la otra persona y hacer que no se pierda esa amistad.

- Es importante tener un poco de tiempo libre cada día para dedicarlo a cultivar las relaciones personales.

- Las compras *on line* te pueden servir para enviarle un regalo a esa persona a la que quieres hacerle llegar tus mejores sentimientos.

- Muestra interés por la vida y las actividades de tus amigos y familiares, ofréceles tu comprensión y ayuda siempre que la precisen.

Seguro que, tarde o temprano, el Universo te devolverá esa misma comprensión y ayuda por parte de los otros.

Muestras de solidaridad

Según un estudio de la revista *Health Psychology*, las personas que muestran su solidaridad en situaciones difíciles evidencian un bienestar físico y psíquico más acentuado que quienes no la practican. Como es el caso de las costureras que, desde pueblos o ciudades de cualquier geografía, se lanzaron a coser cientos de mascarillas protectoras. O jóvenes emprendedores que utilizaron sus impresoras 3D para hacer respiradores, o vecinos que se ofrecieron para hacer la compra y ayudar así a las personas mayores que vivían solas.

Cooperar antes que competir

El neoliberalismo salvaje ha tratado de enseñarnos en estos últimos años que la competencia individual es la clave para salir adelante. Una idea que se ha extendido a todos los ámbitos de nuestra sociedad, des-

de el deporte a la universidad, pasando por el mundo de la empresa. La realidad actual nos ha demostrado que los seres humanos preferimos cooperar a competir, sobre todo si buscamos el bien común. Lynn Margullis, una de las principales figuras en el campo de la evolución biológica, ha demostrado que todos los organismos mayores que las bacterias son, de manera intrínseca, comunidades. La cooperación, la solidaridad, compartir los recursos, ayudar a quien más lo necesite, son el fundamento y la base de la evolución como especie del ser humano.

La mutua unión

«Cuando los hombres se ven reunidos para algún fin, descubren que pueden alcanzar también otros fines cuya consecución depende de su mutua unión.»

Thomas Carlyle

Lo contrario a la naturaleza

«Pues hemos nacido para colaborar, al igual que los pies, las manos, los párpados, las hileras de dientes, superiores e inferiores. Obrar, pues, como adversarios los unos de los otros es contrario a la naturaleza.»

Marco Aurelio

2

Gestionar las emociones, una herramienta imprescindible en tiempos de crisis.

«Aprendí que el coraje no era la ausencia de miedo, sino el triunfo sobre él. El valiente no es quien no siente miedo, sino aquel que conquista ese miedo.»

Nelson Mandela

Evita los bloqueos

✩ ✩ ✩

El miedo también puede ser una fuente de posibilidades

Aunque es improbable que a alguien le atraiga la perspectiva de sentir miedo, debemos desmitificar y desarmar el miedo aprendiendo a examinarlo. El miedo inexplorado tiende a estrecharnos en sus garras, y limitar así nuestra capacidad para vivir plena y felizmente. Por otra parte, cuando tenemos la valentía de plantarle cara al miedo, solemos descubrir un valioso ámbito para conocernos mejor y lleno de posibilidades desconocidas.

Comparte tus miedos

Una excelente forma de evitar el miedo excesivo es romper su secreto: sácalo a la luz. El miedo nos hace agazaparnos en la oscuridad, temer los hoyos cuando conducimos, pero empieza a transformarse cuando se expone a la luz de la conciencia y la aceptación. Para vivir nuestro «Sí», necesitamos conocer y aceptar nuestro miedo, y compartirlo honradamente con personas que nos acepten y animen calurosamente.

Una fábula sobre el miedo

Se encontraron el labriego con la peste y éste le preguntó: «¿Peste para dónde vas?». Y la peste le respondió: «Voy hacia Bagdad a matar a 500 personas». Días después volvieron a encontrarse y el labriego le dijo

a la peste: «Peste mentirosa me dijiste que ibas a Bagdad a matar 500 personas, y mataste 5.000».Y la peste le respondió: «Efectivamente yo maté 500 personas, los demás se murieron de miedo».

Mirar la vida sin miedo

«Tienes que preguntarte: ¿Qué puedo hacer hoy para mejorar mi vida? ¿Qué puedo hacer en los próximos meses que me lleve a una vida mejor? Esa pregunta ya te lleva a la posibilidad de mejorar. Pero si te preguntas: ¿Qué he hecho yo para merecer esto?, te quedas anclado.»

Curro Cañete

Sentirse solo

«El miedo viene de sentirse separado. El miedo viene de sentirse solo. Soy yo y el mundo
pero, en realidad, no es así. Usted es el mundo, y el mundo está en usted y usted está en
el mundo. Ustedes se cocrearon mutuamente.
Hay expresiones diferenciadas de una inteli-
gencia más profunda. Cuando uno sabe eso, hay paz. Hay
una paz y comodidad totales, y no hay ansiedad, porque
la ansiedad se desprende de la separación. ¿Y por qué es
tan dominante en nuestro mundo? Porque es parte de la
hipnosis del condicionamiento social. Es la forma en que
nuestros medios, nuestra publicidad, nuestros productos y
servicios nos prometen gratificación inmediata para nuestro ego encapsulado en nuestra piel.»

Deepak Chopra

El secreto de las estrellas

«Ningún pesimista ha descubierto el secreto de las estrellas, ni ha navegado por mares
desconocidos, ni ha abierto una puerta al espíritu humano.»

Hellen Keller

Utiliza técnicas de meditación

☆ ☆ ☆

Poema escrito durante la epidemia de peste de 1800

Y la gente se quedaba en casa.

Y leía libros y escuchaba.

Y descansó e hizo ejercicios.

E hizo arte y jugó.

Y aprendió nuevas formas de ser.

Y se detuvo.

Y escuchó más profundamente...

Alguno meditaba,

Alguno rezaba.

Algún otro bailaba...

Alguien se encontró con su sombra.

Comenzaron a pensar de un modo diferente.

Y la gente sanó.

Y en ausencia de personas que vivían

de forma ignorante, peligrosa,

sin sentido y sin corazón.

Incluso la tierra comenzó a sanar.

Y cuando el peligro terminó

y las personas se reencontraron,

lloraron por los muertos.

Y tomaron nuevas decisiones.

Y soñaban con nuevas visiones.

Y crearon nuevas formas de vida.
Y curaron completamente la tierra.
Así como se curaron ellos.

Kitty O'Meary (1839–1888)

Los beneficios de la meditación

Una crisis sanitaria nos sitúa ante el escaparate de las emociones negativas y eso puede llevarnos a una falta de control de la situación. Es difícil asimilar acontecimientos inesperados, situaciones que no podemos controlar y se nos escapan de las manos. Una de las maneras de salir fortalecido y cultivar la seguridad es practicar la meditación. Esto es, observar no solo lo que sucede a nuestro alrededor sino también en nuestro interior. Analizarlo y no sentirnos culpables por las emociones negativas que desprenden. La meditación nos dará mayor confianza en nosotros mismos, calmará nuestra angustia, nos permitirá dormir mejor, aumentará nuestro grado de concentración en las tareas o nos ayudará a redescubrir valores que teníamos olvidados.

Elimina la ansiedad

Tu rutina ha cambiado. Tu vida diaria también. No poder ver a los amigos, tener tanto tiempo para pensar, el bombardeo de noticias negativas... Pero también es una oportunidad para crear objetivos conscientes. Concéntrate en tu respiración y conseguirás aliviar la ansiedad que te invade. Ponte ropa cómoda, busca un lugar tranquilo en tu hogar, siéntate en el suelo con la espalda recta y sin tensiones, manteniendo brazos y hombros relajados. Céntrate en un objeto o en la misma respiración, acepta los pensamientos que surgen y sigue adelante. El bienestar psicológico emerge de esa aceptación de pensamientos, emociones y sensaciones corporales. Aumenta tu tiempo de meditación de forma progresiva y añádelo a tu rutina diaria.

La inteligencia y la luz

Una tarde la gente vio a Rabiya buscando algo en la calle frente a su choza. Todos se acercaron a la pobre anciana.

–¿Qué pasa? –le preguntaron–, ¿qué estás buscando?

–Perdí mi aguja –dijo ella. Y todos la ayudaron a buscarla.

Pero alguien le preguntó:

–Rabiya, la calle es larga, pronto no habrá más luz. Una aguja es algo muy pequeño, ¿por qué no nos dices exactamente dónde se te cayó?

–Dentro de mi casa –dijo Rabiya.

–¿Te has vuelto loca? –preguntó la gente– Si la aguja se te ha caído dentro de tu casa, ¿por qué la buscas aquí afuera?

—Porque aquí hay luz, dentro de la casa no hay.

—Pero aún habiendo luz, ¿cómo podremos encontrar la aguja aquí si no es aquí donde la has perdido? Lo correcto sería llevar una lámpara a la casa y buscar allí la aguja.

Y Rabiya se rió.

—Sois tan inteligentes para las cosas pequeñas… ¿Cuándo vais a utilizar esta inteligencia para vuestra vida interior?

Os he visto a todos buscando afuera y yo sé perfectamente bien, lo sé por mi propia experiencia, que lo que buscáis está perdido dentro. Usad vuestra inteligencia. ¿Por qué buscáis la felicidad en las cosas materiales? ¿Acaso la habéis perdido allí?

Todos se quedaron sin palabras y Rabiya desapareció dentro de su casa.

Practica el yoga para calmar tu mente

No es una práctica deportiva: el yoga es un momento para dedicarse a uno mismo, para relajarse y lograr momentos de calma. Una de las bases del yoga es el control de la respiración (pranayama), fundamental para calmar la mente y el estrés. Al concentrarse en la respiración y las posiciones de equilibrio, que requieren de estabilidad, puedes centrarte en el aquí y el ahora, en el presente, creando una distancia con los fenómenos cotidianos que tanto te alienan y que constituyen la base de tus preocupaciones diarias. Además de ser un excelente aliado de la salud, evita el estrés, dejando tras su práctica un sentimiento de desconexión profundo.

Y la respiración consciente

La respiración es un proceso automático que aprendemos al nacer y que no se interrumpe hasta el último aliento de nuestra vida. Cuando le damos valor consciente a ese acto, el organismo se recarga en todos sus niveles. Sus beneficios son numerosos, pero entre ellos se puede destacar que alivia el dolor, el insomnio, mejora los problemas digestivos, la hipertensión y el rendimiento cognitivo.

- Respira con toda la suavidad que te sea posible, tranquilamente.

- Haz inspiraciones largas y poco profundas por la nariz hacia dentro y hacia fuera mientras imaginas que tus pulmones, justo debajo, son una bandeja llena de cenizas. Solo puedes respirar cuidadosa y suavemente para no levantar la más mínima corriente de aire ni producir la más mínima vibración sonora que pudiera esparcir las cenizas.

- Deja que el cuerpo se relaje: imagina que la más leve tensión podría dispersar las cenizas.

- Permite que la mente se tranquilice y se acallen los pensamientos: imagina que la más mínima agitación mental podría diseminar las cenizas.

- Continúa haciendo respiraciones largas y lentas que no produzcan agitación, que generen paz, mientras los ojos se te cierran suavemente.

Barrido corporal

Se trata de una de las técnicas de meditación más empleadas. Consiste en sentarse en una posición cómoda e ir sintiendo, de manera progresiva, cada sensación física del cuerpo, desde los pies hasta la coronilla: humedad, cosquilleos, frío, tensión, calor… tratando de conectar con esas sensaciones sin crear imágenes ni formar palabras. De esta manera se mejora la conciencia interoceptiva (las sensaciones del cuerpo) y disminuyen los pensamientos negativos que rondan por nuestra mente.

Una técnica efectiva de concentración

Se trata de una de las técnicas más sencillas pero efectivas, especialmente indicada para quienes se inician en la meditación. Solo hay que mantener los ojos abiertos y centrar la mirada en un punto fijo, tratando de que todo cuanto hay a su alrededor se vaya diluyendo y focalicemos únicamente en ese lugar. Esto se puede lograr mediante la repetición de una palabra o mantra, concentrándose en la respiración o escuchando música relajante en la que haya un gong que vaya sonando de vez en cuando.

El poder de una simple llama

El fuego ha sido un elemento simbólico en casi todas las culturas. En meditación se puede emplear la simple llama de una vela como elemento simbólico y como punto de focalización. Sentados, en una posición cómoda, y controlando la respiración, mirar fijamente cómo oscila la llama de una vela, percibiendo sensaciones como el calor y la luminosidad que aporta. A partir de aquí se puede hacer una lista mental de objetivos que lograr y cuestiones negativas de las que deshacerse, concentrándonos en las sensaciones que nos provocan y entregándolas simbólicamente al fuego para ver cómo prenden y carbonizan.

Ignorar las distracciones

«La meditación nos enseña a ignorar las distracciones y a enfocar nuestra atención en lo que queremos enfocarla.»

Daniel Goleman

Expresa tus emociones
☆ ☆ ☆

Separa los hechos reales de los bulos

La Organización Mundial de la Salud ofrece algunos consejos y estrategias para paliar en parte las consecuencias emocionales de una crisis sanitaria mundial:

- Reconoce tus emociones: identifica lo que estás sintiendo e intenta no dejarte llevar por ellas; habla de lo que sientes con otras personas.

- Mantén una rutina y unos hábitos: intenta seguir un horario de sueño, alimentación e higiene diarios y añade momentos de actividad física.

- Mantente ocupado: fíjate objetivos realistas e intenta cumplirlos. Ayuda a personas que puedan necesitarlo, como llamar a los vecinos por si necesitan algo hacer la compra, recoger medicamentos, etc. Mantener el cerebro ocupado nos ayudará.

- Desconecta: evita la sobreinformación, estar todo el día pendiente de las noticias sobre el mismo tema no ayuda, al contrario. Si quieres mantenerte informado, dedica un momento o dos cada día para consultar las últimas noticias y el resto del día desconecta. El flujo continuo de noticias sobre el brote puede hacer que aumente nuestra preocupación. Es muy importante, tal como recomiendan las autoridades sanitarias, buscar información de fuentes oficiales. Esto nos ayudará a separar los hechos reales de posibles bulos y especulaciones.

Dar ejemplo ante los hijos

Tener hijos es una responsabilidad añadida en estos momentos. Para un niño esta es una situación totalmente nueva: sus padres en muchos casos han empezado a trabajar en casa, ellos han dejado de ir a la escuela durante un tiempo y no han podido salir a jugar al parque con otros niños. Y lo que más les inquieta: ¿cuándo podrán volver a una situación plenamente normalizada? Algo a lo que de momento no hay respuesta. Hay que aprender a vivir en la incertidumbre, desde la normalidad y la calma. Los niños se contagian de las emociones de sus padres. Por eso hay que darles muestras de tranquilidad, dándoles explicaciones lógicas y disipando sus dudas y temores.

Entrenadores emocionales

«Sed los entrenadores emocionales de vuestros hijos y dejadles expresar todas las emociones que llevan dentro… El mejor favor que podemos hacer a nuestros hijos es ayudarles a vivir con todas las emociones.»

John Gottman

Las emociones se contagian por empatía

En un sorprendente experimento en Facebook, los investigadores observaron que los estados que los usuarios escribían en su muro eran muy similares a los sentimientos que leían de sus amigos. Dicho de otra forma, las emociones se contagian por empatía, ¡incluso a través de una plataforma digital!

Extrae tus espinas emocionales

Si tenemos una espina en el dedo, nuestra reacción natural es sacarla, eliminar la causa del dolor. Muchos permitimos que se nos claven espinas emocionales y no pensamos que tenemos el derecho de sacarlas. Las espinas emocionales se deben a distintos motivos que van desde una relación que perjudica nuestro amor propio, hasta el hecho de arrepentirnos o sentirnos culpables por algo que hicimos o que nos hicieron. Cuando tenemos una espina emocional, debemos plantearnos cuál es el modo más conveniente de tratar el problema, pues si lo ignoramos, puede supurar e infectar gravemente nuestras actitudes. Intuitivamente sabemos quién y qué nos conviene. Si en lugar de juzgar nuestras flaquezas, nos escuchamos con aprecio y nos fiamos de nuestro saber, sabremos cuándo nos conviene sacar nuestras espinas emocionales y nos permitiremos hacerlo.

Conecta contigo

«Si hablas de tus pensamientos te estarás enfrentando a la situación de una forma racional y los demás no podrán empatizar contigo. Pero cuando te refieres a tus sentimientos, la vulnerabilidad que demuestras al expresar lo que sientes les permitirá conectar contigo.»

Brené Brown

No temas comunicar tus emociones

Hay personas que sufren un trastorno que les impide expresar sus sentimientos. Y tiene nombre: Alexitimia. Su temor puede deberse a que

se han criado en un ambiente en el que estaba mal visto exteriorizar sus sentimientos. La alexitimia puede afectar por igual a hombres que a mujeres, pero podría ser el motivo de muchos desencuentros en la relación de pareja.

Las claves para gestionar mejor las emociones

Elsa Punset, escritora, divulgadora y una de las principales referencias en el ámbito de la aplicación de la inteligencia emocional, nos da las claves para gestionar mejor las emociones:

- Recordar que tienes un cerebro que busca todo lo negativo. Hay que entrenarlo para que piense en lo positivo.

- 90 segundos. El cerebro, cuando entra en un bucle negativo (emoción negativa), tarda 90 segundos en que la «química negativa» baje. Déjate traspasar por esa emoción y luego cambia el pensamiento para que genere otra química.

- El optimismo, el autocontrol y la amabilidad pueden entrenarse como un músculo, no nacemos con unas habilidades predeterminadas.

- Lo que tenemos nos estresa y afecta tanto como los sucesos que nos ocurren de verdad porque el cerebro tiende a magnificar lo negativo, así que debemos gestionarlo.

- Los humanos tenemos una capacidad extraordinaria para enfrentarnos y gestionar retos de todo tipo. El problema se da cuando sentimos que no somos capaces de comprender, predecir y gestionar lo que nos rodea.

Lo que negamos atrapa, lo que aceptamos libera

☆ ☆ ☆

Aceptar lo evidente

«No podemos cambiar nada hasta que lo aceptamos. El condenar no libera, oprime.»

Carl Gustav Jung

Crecimiento personal

Aceptar la realidad nos libera del sufrimiento y, por tanto, se convierte en una herramienta imprescindible para el crecimiento personal. Cuando aprendemos a conectar con la vida y aceptamos las cosas tal y como nos vienen, estamos también aceptando las experiencias inherentes a ella. Tenemos diferentes formas de luchar contra la vida, aunque nos resistamos de manera inconsciente. Sucede, en ocasiones, que idealizamos las cosas que están muy lejos de la realidad. Si nos resignamos a ello, estamos limitando nuestra mente, mientras que si aceptamos las cosas como son, seguimos el orden natural de comprensión del Universo. Cuando aceptamos algo que no comprendemos, nos estamos resignando. Lo que comprendemos, lo aceptamos y nos liberamos. Mientras no aceptemos el orden la vida no podremos ser felices.

El elefante encadenado

«Cuando yo era chico me encantaban los circos, y lo que más me gustaba de los circos eran los animales. También a mí como a otros, después me enteré, me llamaba la atención el elefante. Durante la función, la enorme bestia hacía despliegue de su tamaño, peso y fuerza descomunal... pero después de su actuación y hasta un rato antes de volver al escenario, el elefante quedaba sujeto solamente por una cadena que aprisionaba una de sus patas clavada a una pequeña estaca clavada en el suelo. Sin embargo, la estaca era solo un minúsculo pedazo de madera apenas enterrado unos centímetros en la tierra. Y aunque la cadena era gruesa y poderosa me parecía obvio que ese animal capaz de arrancar un árbol de cuajo con su propia fuerza, podría, con facilidad, arrancar la estaca y huir. El misterio es evidente: ¿Qué lo mantiene entonces? ¿Por qué no huye? Cuando tenía cinco o seis años yo todavía creía en la sabiduría de los mayores. Pregunté entonces a algún maestro, a algún padre, o a algún tío por el misterio del elefante. Alguno de ellos me explicó que el elefante no se escapaba porque estaba amaestrado. Hice entonces la pregunta obvia: –Si está amaestrado, ¿por qué lo encadenan? No recuerdo haber recibido ninguna respuesta coherente. Con el tiempo me olvidé del misterio del elefante y la estaca… y sólo lo recordaba cuando me encontraba con otros que también se habían hecho la misma pregunta. Hace algunos años descubrí que por suerte para mí alguien había sido lo bastante sabio como para encontrar la respuesta: El elefante del circo no se escapa porque ha estado atado a una estaca parecida desde muy, muy pequeño. Cerré los ojos y me imaginé al pequeño recién nacido sujeto a la estaca. Estoy seguro de que en aquel momento el elefantito empujó, tiró, sudó, tratando de soltarse. Y a pesar de todo su esfuerzo, no pudo. La estaca era ciertamente muy fuerte para él. Juraría que se durmió agotado, y que al día siguiente volvió a probar, y también al otro y al que le seguía… Hasta que un día, un terrible día para su historia, el animal aceptó su impotencia y se resignó a su destino. Este elefante enorme y poderoso, que vemos en el circo, no se escapa porque cree –pobre– que NO PUEDE. Él tiene registro y recuerdo de su impotencia, de aquella impotencia que sintió poco después de nacer. Y lo peor es que jamás se ha vuelto a cuestionar seriamente ese registro. Jamás... jamás... intentó poner a prueba su fuerza otra vez...»

Jorge Bucay

Aceptar no significa resignarse

Aceptar las cosas tal y como vienen no implica renunciar a cambiar las cosas, sino que nos ayuda a reconocer cómo es el presente para poder afrontarlo con garantías y, desde ahí, tratar de superar el obstáculo. A lo largo de la vida se nos presentan multitud de situaciones adversas que nos limitan y nos encierran en un caparazón como si de caracoles se tratara. El dolor que acompaña la pérdida de un ser querido, el distanciamiento social que nos obliga una enfermedad, son cuestiones a las que no podemos oponer resistencia, sino aceptarlas para no quedar atrapados en una conmoción emocional que luego nos impida actuar. Tolerancia y comprensión también son muestras de amor.

Valóralo todo con sentimientos positivos

✦ ✦ ✦

Las emociones como manifestación de vida de cada persona

Las emociones surgen de factores biológicos, psicológicos y sociales, también de la estructura de la personalidad y de las normas culturales de cada individuo. Por tanto, las personas más sensibles suelen tener más problemas para regular sus emociones. Son personas que tienen dificultad para alcanzar la concentración, dificultad para reflexionar y que suelen exteriorizar rápido sus sentimientos. Mientras que las emociones son respuestas involuntarias, los sentimientos suelen ser conscientes y reflejos ante una determinada emoción.

El psiquiatra Jorge Tizón señala que el miedo está entre las principales emociones de esta pandemia. También destaca que otra de las emociones básicas que están floreciendo estos días es el apego, y del que se han derivado las iniciativas de solidaridad entre ciudadanos. Si abordamos la situación como una amenaza, nos invadirán emociones negativas como el miedo, la tristeza o la apatía. Pero si lo vivimos como un reto o una oportunidad, nos generará emociones y pensamientos positivos de alegría, esperanza, felicidad y tranquilidad.

Autoestima

La autoestima es un conjunto de percepciones, imágenes, pensamientos y juicios que tenemos sobre nosotros mismos. Es lo que pienso y siento sobre mí. La autoestima no es innata, se desarrolla a lo largo de la vida y está influenciada por el contexto. Ah!, y lo más importante: podemos modificarla. Cuanto más positiva sea nuestra autoestima, más preparados estaremos para afrontar las adversidades, más creativos seremos en nuestro trabajo, más inclinados estaremos a tratar a los demás con respeto y más contentos estaremos por el mero hecho de vivir. Si nos sentimos seguros de quienes somos y de cuál era nuestro valor personal antes del confinamiento, ahora también pensaremos que podemos afrontarlo, mientras que si no tenemos autoestima lo percibiremos y sentiremos todo como una amenaza.

Haz que afloren tus emociones positivas

No sabemos cuánto tiempo va a durar esta crisis sanitaria que estamos viviendo, si habrá repuntes, nuevos confinamientos. Lo que sí es seguro es que, en cualquier caso, debes tratar que afloren tus emociones positivas, ya que las negativas te pueden conducir al pesimismo y a la tristeza, a la ansiedad y a la depresión, y por tanto menguar tu salud.

En cambio, las emociones positivas, como el optimismo, el altruismo, el reconocimiento, la gratitud y el apoyo pueden ayudarte a mantener tu estado de bienestar.

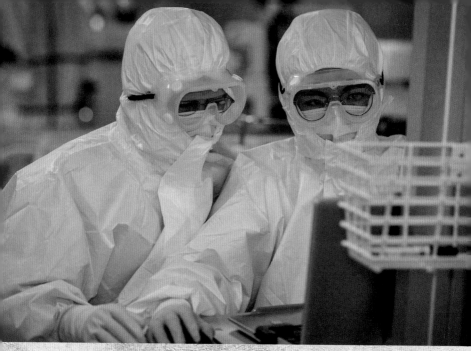

Confianza en la comunidad

Este es el momento de la ciencia y la solidaridad. Sin embargo, se extiende a nivel mundial una epidemia de desinformación. Proliferan los consejos de salud perjudiciales y los falsos tratamientos médicos. Las ondas radiales se llenan de falsedades. Las descabelladas teorías conspirativas contaminan internet. El odio se vuelve viral, estigmatizando y vilipendiando a personas y grupos. Aunque la máscara se haya convertido en un icono del recelo hacia las otras personas, las muestras de solidaridad se han multiplicado y estamos dando una nueva oportunidad a lo más humano que llevamos en nuestro interior. Las redes sociales se muestran más empáticas que nunca, hemos manifestado nuestro compromiso con los profesionales de la salud, ha crecido el número de voluntarios y hemos visto la generosidad cultural de numerosos artistas.

Si me daño yo, daño a la comunidad entera

«En este momento en que la gente no se puede abrazar, darse la mano o besarse, descubrimos que no es verdad la idea que regía el mundo, ese individualismo que asegura que los hombres son islas separadas. Al contrario, tenemos necesidad del otro. Si me daño yo, daño a la comunidad entera.»

Nuccio Ordine

Actitud de ayuda con los mayores

Mucha gente, de manera espontánea, se está ofreciendo estos días para acompañar a las personas más vulnerables, gente mayor que viven solos en sus casas. No podemos olvidar que los ancianos siguen siendo el pilar fundamental de nuestra comunidad. Ayudándoles a ellos, nos estamos ayudando a nosotros mismos.

Madurar no es lo mismo que envejecer

«Hay una gran diferencia entre madurar y envejecer, una enorme diferencia, y la gente siempre se equivoca. Creen que envejecer es madurar, pero el envejecimiento pertenece al cuerpo. Todo el mundo envejece, todo el mundo se vuelve viejo, pero no necesariamente maduro. La madurez es un crecimiento interior. El envejecimiento no es algo que tú haces, sino algo que sucede físicamente. Con el tiempo, cada niño que nace se hará viejo. La madurez es algo que tú aportas a la vida, surge de la conciencia. Cuando una persona envejece de una forma plenamente consciente, se vuelve madura. Envejecimiento más conciencia, experiencia más conciencia, es madurez. Para crecer, simplemente mira un árbol. A medida que el árbol crece hacia arriba sus raíces crecen más profundamente hacia abajo, más hondo. Hay un

equilibrio: cuanto más se eleva el árbol, más profundas son sus raíces. No puede existir un árbol de cincuenta metros de altura que tenga raíces pequeñas; no podrían sostener a un árbol tan grande. En la vida, crecer significa profundizar en ti mismo: es ahí donde están tus raíces.»

Osho

Positivismo tóxico

El positivismo extrae lo mejor de cada persona, como individuo y como comunidad. Actitudes como la ayuda mutua, la cooperación, el reconocimiento o seguir las normas sanitarias impuestas son un primer paso para vencer a la adversidad. Pero enfocarse siempre hacia lo positivo puede llegar a ser tóxico. Algunos psicólogos afirman que ser siempre positivos se puede tornar en algo negativo cuando reprimimos emociones como la tristeza o el enojo. Al negar las emociones negativas, estas se pueden hacer más grandes. Si una persona tiene mucha ansiedad y miedo y trata de anteponer una actitud del «todo irá bien» o «no pasa nada», puede hacer que esté rechazando sus propias emociones. Sí, pues, la positividad puede ser tóxica si se plantean determinadas situaciones:

- Escondiendo o enmascarando los verdaderos sentimientos.

- Fingiendo que todo está bien.

- Sentirse culpable de sus emociones negativas.

- Minimizar las experiencias de otras personas con frases como «todo estará bien», «hay que ser positivos» o similares.

- Consolar a otro dándole perspectivas, es decir, diciendo «podría ser peor», en lugar de validar sus emociones o experiencias.

- Atacar, humillar o castigar a alguien por expresar frustración, ansiedad, tristeza o cualquier cosa que no sea positividad.

- Ignorando los sentimientos diciendo cosas como «así pasa».

Esto también pasará

☆ ☆ ☆

Imaginar un mundo refundado

«Si este es el peor momento, también es el mejor. En nuestra ansiedad, estamos obteniendo profundas reservas de fuerza de los demás. En nuestro aislamiento, estamos redescubriendo la comunidad. En nuestra confusión, estamos repensando en quién confiamos. En nuestra fragmentación, estamos redescubriendo el valor de las instituciones. Cada uno elige su propia narrativa o metáfora. Si esto parece estoicismo puro, puede ser. Otros encuentran que ayuda imaginar un mundo refundado a través de redes virtuales.»

Alan Rusbridger

Y entonces llega esta maravillosa paradoja

Tienes más tiempo que nunca, pero no puedes compartirlo con nadie ni disfrutarlo.

Tal vez el Universo trata de decirnos que nada de lo que tenemos en la vida, ni el trabajo, ni la casa, ni tan siquiera el tiempo, merece la pena si no podemos compartirlo con otros.

Esto no es el Apocalipsis, pero puede ser una oportunidad para entender el propósito real de nuestro paso por el mundo; cuando Europa se ve más afectada que África, cuando un beso pasa a ser un arma, cuando el dinero no te salvará, cuando la vida como la entendíamos hasta ahora se detiene para todos, y el tiempo se vuelve un castigo… Tal vez cuando volvamos a caminar, caminemos más despacio, más cercanos, más humildes, más humanos.

Deja que las cosas fluyan

La situación de crisis que nos rodea hace que deambulemos entre los acontecimientos sobresaltados. Esto supone un desgaste psicológico inmenso que lleva consigo la alteración del estado de ánimo. Para vivir el presente de forma auténtica hemos de tratar de renunciar a esas preocupaciones que tanto nos incomodan. No se trata de evitarlas, sino de desprendernos de ellas con sencillez, sin esfuerzos. De ahí nace la idea taoísta del Wu wei, que nos invita a vivir de forma más pura, abrazando la sencillez de nuestra existencia y dejando de lado dramas y preocupaciones que inundan nuestra mente. Durante la dinastía Han (a partir del 206. a.C.) los emperadores se valieron de esta filosofía para gobernar y del Wu wei para mantener la estabilidad y gozar de un periodo de 40 años de paz y prosperidad. Según esta idea, la mejor manera de enfrentarse a una situación o circunstancia específica es no actuar. Que no quiere decir no hacer nada, sino que se basa en la idea de no forzar la situación. La inacción como algo que sucede de manera natural.

El cambio natural de las cosas

Las claves prácticas con las que guiarse para vivir según el Wu wei o principio de la simplicidad son las siguientes:

- Dejar que la mente fluya en los momentos de calma, en vez de intentar dejar de pensar.

- Aprender a apreciar el desarrollo de cambio natural de las cosas, que es aquél que se produce sin que nuestros objetivos y aspiraciones interfieran.

- Aceptar que los problemas son creados de forma activa por nosotros.

- No preocuparse por el modo en el que esos problemas son representados en nuestra mente, dejar que se disuelvan solos en el torrente de nuestro pensamiento.

El anillo del rey

«Una vez, un rey de un país no muy lejano reunió a los sabios de su corte y les dijo:

— He mandado hacer un precioso anillo con un diamante, con uno de los mejores orfebres de la zona. Quiero guardar, oculto dentro del anillo, algunas palabras que puedan ayudarme en los momentos difíciles. Un mensaje al que yo pueda acudir en momentos de desesperación total.

(…)

Un anciano escribió en un diminuto papel el mencionado mensaje. Lo dobló y se lo entregó al rey.

— Pero no lo leas –dijo. Mantenlo guardado en el anillo. Ábrelo sólo cuando no encuentres salida en una situación.

Ese momento no tardó en llegar, el país fue invadido y su reino se vio amenazado. Estaba huyendo a caballo para salvar su vida, mientras sus enemigos lo perseguían. Estaba solo, y los perseguidores eran numerosos. En un momento, llegó a un lugar donde el camino se acababa, y frente a él había un precipicio y un profundo valle.

Fue entonces cuando recordó lo del anillo. Sacó el papel, lo abrió y allí encontró un pequeño mensaje tremendamente valioso para el momento…

Simplemente decía "Esto También Pasará".

En ese momento fue consciente que se cernía sobre él un gran silencio. Los enemigos que lo perseguían debían haberse perdido en el bosque, o debían haberse equivocado de camino. Pero lo cierto es que lo rodeó un inmenso silencio. Ya no se sentía el trotar de los caballos.

El día de la victoria, en la ciudad hubo una gran celebración con música y baile…y el rey se sentía muy orgulloso de sí mismo.

En ese momento, nuevamente el anciano estaba a su lado y le dijo:

– Apreciado rey, ha llegado el momento de que leas nuevamente el mensaje del anillo.

– ¿Qué quieres decir?, –preguntó el rey. Ahora estoy viviendo una situación de euforia y alegría, las personas celebran mi retorno, hemos vencido al enemigo.

– Escucha –dijo el anciano–. Este mensaje no es solamente para situaciones desesperadas, también es para situaciones placenteras. No es sólo para cuando te sientes derrotado, también lo es para cuando te sientas victorioso. No es sólo para cuando eres el último, sino también para cuando eres el primero.

El rey abrió el anillo y leyó el mensaje… «ESTO TAMBIÉN PASARÁ»

Recuerda que todo pasa. Ningún acontecimiento ni ninguna emoción son permanentes. Como el día y la noche; hay momentos de alegría y momentos de tristeza. Acéptalos como parte de la dualidad de la naturaleza porque son la naturaleza misma de las cosas.»

Anónimo

Llevar un diario, ¿por qué no?

★ ★ ★

Una liberación catártica

Algunas de las personalidades más relevantes de la historia han llevado un diario de sus actividades que luego han legado a la posteridad. Quizá no se trate de un propósito tan elevado el tuyo, pero sí puedes dejar un registro de tus experiencias estos días. Es una actividad que puede darte grandes beneficios personales.

El hecho de dejar anotados tus pensamientos, tus sentimientos y experiencias puede ser muy beneficioso para tu salud mental, más allá de que en estos días tan extraños pueda servirte como válvula de escape para evadirte.

No permitas que la incertidumbre inunde tu mente

Las páginas de tu diario personal deben llenarse de las cosas positivas que —seguro— también deben estar pasando por tu vida. Pero no debes olvidar las cosas negativas, escribirlas y asumirlas. Como la distancia que se ha creado con tus seres más queridos, con tus padres, hermanos, amigos… Recoge todas aquellas imágenes emotivas que están llenando tu corazón estos días. Que todas estas experiencias que estás viviendo tan intensamente queden reflejadas en unas notas, para que quizá, con el tiempo, al releerlas, recuerdes que siempre hay una salida y que las crisis te hacen más fuerte.

Darle sentido a lo que está ocurriendo

Escribir un diario también es una manera de darle sentido a todo cuanto ocurre a tu alrededor. Te ayudará a conectar con tus emociones más íntimas y te dará confianza y seguridad para el futuro. Al acercarnos así a nuestros sentimientos, nos ayudará a conocernos mejor a nosotros mismos y a nuestra manera de actuar. Descubrirás que le estás dando un sentido a la situación que estás viviendo y que hay una fuerza en ti capaz de derribar cualquier pandemia que se te ponga por delante.

Un diario para liberarnos de las alteraciones emocionales

Los estoicos tenían una palabra para definir aquel estado en el que logramos liberarnos de las alteraciones emocionales. Lo llamaban apatheia. Para los griegos significaba aquel punto en el que los sentimientos no eran obstáculo a la actividad de la razón. Y era la condición ideal para meditar. Al escribir un diario, somos capaces de gestionar nuestras pasiones y emociones para que no generen un deseo por cosas que se escapan de nuestro control. Es un estado de sabiduría en el que podemos diferenciar aquello que podemos cambiar y lo que no, aquello por lo que vale la pena luchar y por lo que es mejor desistir. Sin duda, al plasmar tus emociones en un diario, consigues darle un sentido a cuanto te rodea.

Quien quiera ser libre

«El dueño de uno es esa persona que tiene el poder de otorgar o quitar lo que queremos o no queremos. Quien quiera ser libre, no debería querer nada, ni evitar nada que esté controlado por otros. De lo contrario, estará obligado a ser su esclavo.»

Epicteto

Los beneficios de escribir un diario personal

Diversos estudios han corroborado la idea de que escribir un diario personal tiene algo de terapéutico. El psicólogo social estadounidense James Pennebaker, tras varios años de investigación, determinó que escribir sobre experiencias traumáticas, situaciones de angustia o estrés, tenía efectos positivos.

- Servirá para esclarecer tus ideas.

- Descubrirás los patrones de comportamiento y pensamientos que dirigen tu vida.

- Podrás desarrollar una actitud más positiva.

- Podrás enfocarte adoptando nuevos hábitos más saludables y positivos.

- Un diario será tu cuaderno de bitácora personal de situaciones y notas importantes.

- Desarrollará tu inteligencia emocional.

- Ayudará a desarrollar tu creatividad.

- Mejorará la confianza en ti mismo.

3

Vencer el estrés

«Nada en la vida debe ser temido, solamente debe ser comprendido. Ahora es el momento de comprender más, para poder temer menos.»

Marie Curie

Alivia la energía y tensión acumuladas

✦ ✦ ✦

Enraizados en la tierra

«Para comenzar el ejercicio, siéntate en una postura cómoda. Empieza a relajarte y asentarte. Y apoya los pies en el suelo para sentirlos enraizados en la tierra. Otra palabra para centrarnos es equilibrar. Al centrarnos, nos sintonizamos con el punto de equilibrio en cada dimensión de nuestra conciencia. De modo que no estés demasiado lejos hacia fuera ni estés demasiado lejos hacia dentro. Encuentra un punto de equilibrio donde puedas estar dentro y fuera al mismo tiempo. Tu respiración siempre está en el presente. Cuando conectas con tu respiración, estás en el presente. Y al asentarte en la respiración también podrías empezar a sentir el alineamiento de tu columna. Siente tu columna suave y luminosa. Puedes imaginar un hilo de luz en la coronilla que tira con suavidad de ti hacia arriba, elevando tu coronilla hacia el cielo.»

Stephen Gilligan

La importancia de la respiración

Es la clave de la energía. Lo que te da una mayor capacidad respiratoria. Y por tanto más vida, y mayor capacidad para defenderte de las agresiones víricas. Muchas personas tienen patrones respiratorios perturbados por tensiones musculares que son la consecuencia de los diferentes conflictos emocionales que han sucedido en su vida.

Elimina tensiones innecesarias en tu espalda

Es en la espalda donde acumulamos gran parte de la tensión diaria. Para que eso no suceda te recomiendo un ejercicio muy sencillo: Ponte de pie y estira los brazos sobre la cabeza. Después, inclínate hacia atrás y deja que la columna vertebral forme una especie de arco. Luego, regresa a la posición inicial. Y repite el ejercicio varias veces. Notarás una mayor flexibilidad y eliminarás cargas en tu espalda que pueden ocasionarte molestias.

Una rutina de gimnasia

Las rutinas de gimnasia para realizar en casa te pueden servir para tonificar los músculos, mantenerte en forma y trabajar el cuerpo. Se trata de movimientos simples y fáciles de realizar. Tan solo necesitas algo de ropa holgada y una colchoneta donde apoyarte.

- Correr o caminar en el mismo lugar: Eleva las rodillas lo más cerca del pecho que puedas y alterna esos movimientos con los pasos que realizas al caminar pero sin moverte del mismo sitio.

• Sentadillas: Con las piernas separadas a la altura de las caderas, simula que vas a sentarte en una silla varias veces. Intenta que las rodillas no superen las puntas de los pies. Mantén los talones bien apoyados en el suelo. Puede acompañar este movimiento estirando los brazos hacia adelante. Repite el movimiento unas quince veces.

• Refuerza tus glúteos y caderas: Apoya tus manos y rodillas sobre la colchoneta, de manera que las manos no superen el ancho de los hombros y el de las rodillas el ancho de las caderas. Con la espalda recta, lleva una pierna hacia atrás y arriba, sin arquear la cintura. Cabeza y cuello han de mantenerse en la misma línea que la espalda. Puedes repetir el movimiento unas diez veces, alternando con cada pierna.

¿Practicas teletrabajo? Pues siéntate de una manera cómoda

Es bastante probable que pases un tercio de tu día a día frente a un ordenador. Si es así, debes hacerlo en una postura cómoda, que no fuerce ninguna de tus articulaciones.

Los pies, por ejemplo, deben estar en contacto con el suelo, sin cruzar las piernas. Si los dejas colgando, crearás tensiones musculares innecesarias. El ángulo entre rodillas y cadera debe estar ligeramente abierto. Siéntate en una silla cómoda, pero que tenga el respaldo recto o una ligera inclinación hacia atrás. La pelvis debe estar en contacto con la unión entre el asiento y el respaldo y la silla ha de colocarse lo más cerca posible de la mesa para que los brazos puedan acercarse y

apoyarse en ella. Trata de hacer una pausa una vez cada hora, levántate y mira de dar un paseo por la casa. Tu cuerpo te lo agradecerá al cabo del día.

La aromaterapia, una fiel aliada

La aromaterapia puede tener un efecto beneficioso en tu salud, no lo dudes. Se trata de una medicina complementaria que utiliza aceites esenciales de plantas aromáticas, flores, semillas, cortezas y frutas. Actúa sobre nuestro sentido del olfato mediante la absorción al torrente

sanguíneo. Lo que incide directamente en nuestro humor y nuestras emociones. En casa, puedes emplearla en difusores de lámpara o como masaje sobre tu cuerpo. Hay diversos tipos de aceites esenciales populares:

- Relajantes: lavanda (también antiséptico), manzanilla, jazmín, incienso y mirra (ambos pueden irritar si se aplican en la piel o se usan en el baño), nerolí, naranja, mandarina, ylang-ylang (la inhalación excesiva puede causar dolores de cabeza).

- Revitalizantes: limón (puede irritar la piel, especialmente cuando se expone al sol), semilla de pomelo, canela, enebro (también tiene propiedades antisépticas), vainilla, geranio, romero.

- Estimulantes: menta y eucalipto (ambos actúan como descongestionantes al inhalarse, pero pueden irritar la piel, así que tengan cuidado). Otros aceites, como el aceite de árbol de té, son famosos por sus propiedades antisépticas.

Lleva una dieta saludable

✩ ✩ ✩

Si has de pasar muchas horas en casa

Lo más recomendable que es ingieras una dieta lo más sana posible, más aún sabiendo que tu movilidad y tu grado de actividad va a ser menor. Así pues, incluye siempre cereales integrales, legumbres, frutas y verduras y algunos frutos secos. En menor cantidad se recomienda el consumo de pescado, carne y huevos. Evita, sobre todo, los alimentos muy calóricos: ultraprocesados, la bollería y los dulces. En momentos de ansiedad escoge frutas y yogures, aperitivos sanos tipo hummus o guacamole, que puedes acompañar de apio, zanahorias o pepinos.

Mantén una buena hidratación

Nuestro organismo está compuesto de un 70% de agua, por lo que mantenerlo hidratado es fundamental en todas las etapas de la vida. De manera especial, hemos de cuidar esa hidratación en los niños, en los ancianos, y en momentos especiales del año, como en verano, cuando las temperaturas son altas y la deshidratación, rápida.

No hay que esperar a tener sed para beber agua. Hazlo en pequeñas tomas a lo largo del día. La cantidad recomendada es de alrededor de un litro y medio de agua para una persona adulta al día. Sí que hay que evitar hidratarse con aguas azucaradas, cafeína y bebidas alcohólicas.

Deja que el sol te llene de luz y calor

Quien dispone de una pequeña terraza tiene la ventaja de poder tomar un poco el sol cada día. Pero quien no dispone de un jardín o terraza puede verse ante una carencia notable de vitamina D, que se obtiene de los rayos UVB de la luz solar y que es fundamental para asegurar la calidad ósea y evitar problemas como la diabetes tipo I, la obesidad, las patologías cardiovasculares o el asma. La carencia de esta vitamina nos lleva a tener un sistema inmunológico débil, susceptible de ser atacado por virus o empeorar enfermedades autoinmunes. Esta carencia se puede contrarrestar en parte con la ingesta de pescados azules, lácteos o huevos.

Haz que cocinar sea una parte importante y divertida de la rutina familiar

Una excelente forma de crear rutinas saludables es cocinar junto al resto de tu familia. Invita a tus hijos a participar, enséñales a hacer un pastel, unas galletas. Pídeles que te ayuden cada día en la elaboración de algún plato. Es una manera de fortalecer los lazos familiares y divertirse al tiempo. Luego, te pueden ayudar a poner la mesa o lavar los platos. Trata de seguir una rutina también con los horarios de las comidas, que pueden ayudar a reducir el estrés y la ansiedad.

Una actitud de gratitud

«Lo primero, tal vez lo más esencial, a la hora de alimentarnos, para que lo ingerido tenga bendición y salubridad, es tener una actitud de gratitud hacia el alimento en sí, al principio y al final de su ingesta. Este hecho se puede manifestar de diferentes formas. Los musulmanes dicen Bismillah (en el nombre de Dios) antes de empezar. Los cristianos bendicen la mesa. Los hindúes también tenían/tienen diversos ritos. Y así con cada una de las vías espirituales tradicionales. El hombre moderno no da las gracias por el alimento que ingiere. Ni se le pasa por la cabeza hacerlo, faltaría más (…). En los Vedas ya se profetizó, hace mucho tiempo, que la Kali Yuga, la era de la gran confusión, tendría una serie de características que tendrían que ver con la destrucción medioambiental, la práctica de la usura de forma despiadada y, curiosamente, la venta de alimentos precocinados. ¿Por qué los Vedas hacían esta singular relación entre los problemas medioambientales, sociales y alimentarios? Pues porque en una sociedad en que se han perdido los principios fundamentales del universo espiritual… la sociedad se descompone, los padres,  madres, abuelos y abuelas viven de forma cada vez más atomizada y las empresas hacen el agosto suplantando el insustituible papel de la familia.»

Pedro Burruezo

Duerme lo necesario

✩ ✩ ✩

Que el virus no te quite el sueño

Seguro que a más de uno esta crisis sanitaria le está quitando el sueño, ya sea por la misma enfermedad, por el trabajo, por la pérdida de una persona querida. Si a eso le sumamos el descontrol de los horarios y la falta de actividad física el resultado son noches de insomnio. También puede influir la nueva adaptación al teletrabajo o las incertidumbres laborales. Si descansas mal, estás irritable, con un estado de ánimo decaído.

El sueño es un elemento fundamental para la salud del organismo. Cuando se ve interrumpido, se altera la capacidad de concentración, el control de los impulsos y la distorsión del sistema inmune, que sirve para regular el sistema defensivo del cuerpo humano.

El reloj biológico

El cuerpo humano dispone de un reloj
biológico sincronizado con la misma
naturaleza. En situaciones normales, se
rige por los ciclos circadianos de luz y oscuridad, pero además de estos signos, también se orienta por el grado de actividad física
y por los horarios regulares de las rutinas diarias.
Cuando se dice que ser humano es un animal de
costumbres también hace referencia a ello. Si hemos
de pasar muchas horas en casa, viendo reducida nuestra
exposición a la luz solar, a un cierto desorden en los horarios de comidas, de ir a la cama, del trabajo, vemos cómo se
produce una desincronización del reloj interno. Como consecuencia de ello dormiremos peor y nos sentiremos más cansados
durante todo el día.

Algunas recomendaciones para un buen descanso

El descontrol horario ha hecho que tu sueño se torne inestable, que
tengas pesadillas por las noches, que te cueste conciliar el sueño o que
te despiertes a media noche y te cueste volver a dormir. Para controlar
el insomnio durante todo este tiempo trata de seguir las pautas que te
doy a continuación y que seguro te ayudarán a sobrellevarlo mucho
mejor:

- Establece patrones de sueño: Si te levantas y acuestas cada día a la
  misma hora encontrarás un ritmo regular que te ayudará dormir
  cuando vayas a la cama.

- Cena ligero: Lo que cenamos suele ser determinante a la hora de ir a dormir, por lo que te recomiendo una cena ligera que sea siempre unas horas antes de acostarte.

- Realiza ejercicio físico: Sal a la calle y camina a buen ritmo, o cálzate unas buenas zapatillas deportivas y sal a correr. Si prefieres hacer gimnasia, yoga o pilates en casa, aprovecha los tutoriales que encontrarás en las redes sociales y que te darán la pauta para un buen ejercicio, sin riesgo de lesiones.

- Aleja de la cama tabletas, móviles y demás: Para el cerebro es muy importante establecer patrones de asociación congruentes. Si el cerebro asocia la cama con estar despierto viendo películas o trabajando, te costará conciliar el sueño. Además, la luz de estos dispositivos, inhibe la secreción de melatonina, factor que hace que el sueño se retrase.

Un masaje, ¿por qué no?

Utiliza el masaje como medio para suavizar tensiones en determinadas zonas del cuerpo que no se movilizan al respirar. Básicamente hay dos tipos de masajes: el suave para dar calor y suavizar cualquier rigidez y el más fuerte o profundo para quitar o reducir tensiones.

Dormir no es una pérdida de tiempo

«La cosa que más ha sido dañada en el desarrollo de la civilización humana es el sueño. Desde el día que el hombre descubrió la luz artificial, su sueño se ha alterado mucho. Y mientras más y más aparatos comenzaron a caer en las manos del hombre, éste comenzó a sentir que el sueño es algo innecesario; se pierde demasiado tiempo en eso (…). No nos hemos dado cuenta que la causa detrás de todas las enfermedades, todos los trastornos que han entrado a la vida del hombre, es la falta de sueño. La persona que no puede dormir correctamente no puede vivir correctamente. Dormir no es una pérdida de tiempo. Durante esas ocho horas se acumula la energía vital, tu vida se revitaliza, los centros de tu cerebro y de tu corazón se calman y tu vida funciona desde el centro de tu ombligo. Debido a esas ocho horas de sueño, tú nuevamente te has vuelto uno con la naturaleza y con la existencia. Por esto es que te revitalizas.»

Osho

En armonía con el Universo

✦ ✦ ✦

Nada nos puede ser ajeno

¿Qué nos está enseñando esta pandemia? ¿Estamos dispuestos a cambiar nuestras vidas después de esto? Lo que nos está sucediendo es como una ficción distópica que en el peor de los sueños no entraba en nuestras cabezas. Un virus nos amenaza como especie. Parece que, de momento, se han acabado las compras compulsivas, los macroconciertos, la ansiedad por viajar a la otra punta del planeta para hacernos una fotografía para nuestras redes sociales. La naturaleza nos está avisando de una manera muy seria sobre la sostenibilidad del planeta, sobre los peligrosos modelos de producción agrícola y ganadera, sobre la deforestación de los bosques. Debemos aprender que todo está interconectado para que la vida del planeta se perpetúe, para no poner en riesgo la diversidad biológica.

Vivir de acuerdo a los principios de la naturaleza

Lao Tsé, padre de la filosofía oriental, nos ha dejado una serie de valiosas enseñanzas sobre vivir de acuerdo a los principios de la naturaleza y alcanzar así la serenidad del alma. Para él, todo lo que vemos es fruto de la dinámica causa-efecto. El Universo, y todo lo que contiene, está sometido a mutación, al cambio perpetuo. No podemos ignorarlo y tratar de seguir viviendo sin aceptar sus reglas. Lao Tsé establece una serie de virtudes que hemos de tener para vivir conforme al Tao, y entre ellas están: la piedad, la magnanimidad, la abnegación, la honestidad, la introspección, la inactividad y la enseñanza. También hay vicios que hemos de evitar, como por ejemplo: la violencia, la codicia, los prejuicios y la aceptación de convencionalismos, tabúes y normas sociales sin averiguar si están en consonancia con el Tao.

Somos levedad

Que la levedad es algo que nos define como seres humanos parece fuera de toda duda, más aún en estos días que estamos viviendo. En el patio de los Arrayanes, en la majestuosa Alhambra de Granada puede verse un estanque que refleja, como si fuera un espejo y con toda precisión, la silueta majestuosa del palacio de Comares, mostrando la belleza de una imagen construida por el ser humano. Pues bien, cuando sopla una brizna de aire, el agua cristalina del estanque se mueve, desdibujando la magnífica torre. Un ejemplo de cómo lo construido por el hombre puede verse trastocado en unos segundos por el poder de la naturaleza.

Sientes que estás fluyendo con el Universo...

...cuando tu intuición se desarrolla con rapidez; cuando sabes cuál es tu misión en la vida y caminas por el sendero adecuado; cuando encontraste a tu alma gemela, con la que te sientes crecer en el amor y la satisfacción mutua; cuando lanzas tus preguntas al viento y sientes las respuestas a través de mensajes escondidos y señales reveladas; cuando te sientes responsable de tu felicidad; cuando aceptas tus emociones y eres empático con el sufrimiento de los demás; cuando te ves a ti mismo como una fuente inagotable de amor; cuando tus relaciones familiares son armoniosas y te vuelves inmune a las estrategias de manipulación de los demás; cuando te sientes fiel a ti mismo y te desborda la gratitud; y, finalmente, cuando aceptas tus errores como un parte importante de tu proceso de aprendizaje en la vida.

El ego es un mono que salta a través de la selva
El ego es un mono que salta a través de la selva:
totalmente fascinado por el reino de los sentidos,
cambia de un deseo a otro,
de un conflicto a otro,
de una idea centrada en sí misma a la siguiente.
Si lo amenazas, realmente teme por su vida.
Deja partir a ese mono.
Deja partir los sentidos.
Deja partir los deseos.
Deja partir los conflictos.
Deja partir las ideas.
Deja partir la ficción de la vida y de la muerte.
Permanece simplemente en el centro, observando.
Y después olvídate de que estás en él.

Lao Tsé

Escucha música y ponte creativo

✫ ✫ ✫

Los beneficios de escuchar música

La música tiene importantes beneficios para la salud. No solo porque nos puede traer recuerdos de infancia, de juventud, de amores pasados. Escuchar música desencadena respuestas emocionales en nuestro organismo que pueden influirnos de muchas maneras. Diversos estudios han concluido que existe una profunda conexión entre la melodía y nuestro cerebro. Además, aumenta la dopamina producida en el cerebro, una hormona que mejora el estado de ánimo. Algunos de los beneficios que puede producir son:

- Mejora la memoria.

- Ayuda en la recuperación de lesiones cerebrales.

- La música tiene propiedades analgésicas.

- Rebaja el estrés.

La música favorece tu sistema inmunitario

Los científicos están convencidos que la música supone una experiencia emocionalmente positiva en cualquier ámbito, ya que potencia la secreción de hormonas que favorecen el sistema inmunitario. ¿Cómo es esto posible? Pues disminuyendo los niveles de cortisol, la hormona relacionada con el estrés. Además, escuchar música relajante por la noche favorece el descanso, nos ayuda a desprendernos de nuestras preocupaciones y a reducir la ansiedad.

Como si estuvieras contemplando colinas y bosques

«Alegría, tristeza, lágrimas, lamentos, risas —a todo esto la música da voz—, pero de tal manera que somos transportados del mundo de la inquietud a un mundo de la paz, y vemos la realidad de una nueva manera, como si estuviéramos sentados junto a un lago en la montaña y contemplando colinas y bosques y nubes en el agua tranquila e insondable.»

Albert Schweitzer

Todo irá bien

Cuando empezó la cuarentena y el gobierno italiano empezó a implantar severas medidas de confinamiento en el norte del país, la vida

en las calles desapareció. Pero los italianos decidieron que era el momento de levantar los ánimos a su alicaído país y salieron a los balcones y terrazas a cantar canciones patrióticas en medio de la crisis sanitaria. Las redes sociales se llenaron de vídeos y un lema empezó a circular entre la población: Todo irá bien.

Te prometo que aprenderé de mis errores

En momentos de incertidumbre como el actual es bueno recordar aquellas canciones que tienen un efecto terapéutico sobre nosotros, son capaces de levantarnos el ánimo y contienen un mensaje de esperanza, como la canción «Fix You», de Coldplay.

Cuando lo haces lo mejor que puedes, pero no tienes éxito,
cuando consigues lo que quieres, pero no lo que necesitas,
cuando te sientes tan cansado, pero no puedes dormir,
atascado en la marcha atrás.
Y las lágrimas bajan como un torrente por tu cara,
cuando pierdes algo que no puedes remplazar,
cuando quieres a alguien pero se echa a perder,
¿podría ser peor?
Las luces te guiarán a casa,
y encenderán tus huesos
y yo trataré de curarte.
Y estés eufórico o estés deprimido,
cuando estás demasiado enamorado como para dejarlo pasar,
pero si nunca lo intentas nunca sabrás
lo que vales.
Las luces te guiarán a casa,
y encenderán tus huesos
y yo trataré de curarte.
Las lágrimas bajan como un torrente por tu cara,
cuando pierdes algo que no puedes remplazar,
las lágrimas bajan como un torrente por tu cara, y yo...
las lágrimas bajan como un torrente por tu cara,
yo te prometo que aprenderé de mis errores,
las lágrimas bajan como un torrente por tu cara, y yo...
Las luces te guiarán a casa,
y encenderán tus huesos
y yo trataré de curarte.

El poder de las redes

A día de hoy, las redes sociales han jugado un papel importantísimo para que músicos aficionados pudieran dar a conocer sus habilidades y mostrar sus melodías, ideas y mensajes. Como el caso de una familia argentina (@horacio.encasa) que ha acumulado miles de reproducciones de una canción interpretada desde una humilde casa de Ciudad Oculta. Una estrofa de su canción nos da la idea del mensaje que pretende trasladar: «A esos héroes que no usan capa, que esconden su identidad con un barbijo y una bata, este mensaje es para ustedes. Yo me quedo en casa, por ustedes».

¿Es la música un instrumento de supervivencia?

En el año 1348 la peste bubónica redujo la población de Florencia a un tercio de su totalidad. Ese hecho fue la chispa que hizo germinar la gestación de una de las novelas más importantes de la historia, el Decamerón de Bocaccio. En él se narra, con inusual maestría, cómo diez jóvenes huidos de la ciudad se entretienen con las aventuras de los personajes que aparecen en cada uno de los cuentos. En todos ellos podía entreverse cómo era el ánimo social tras la brutal pandemia que había asolado la región. Al final de cada jornada de confinamiento, diversas jóvenes expresaban, mediante un canto, el desengaño amoroso sufrido tras la crisis sanitaria vivida. La música tenía aquí, una clara función sanadora y medicinal. Hoy en día, la música se ha convertido en un elemento fundamental de nuestra conciencia para combatir estados como la ansiedad o la angustia.

La música nos acerca a la dimensión espiritual de la persona

La música nos predispone a una dimensión humana superior de apertura a la trascendencia, fundamental para nuestro crecimiento personal. Es un lenguaje universal de comunicación que conecta los continentes y supera distancias y culturas. La música transfiere sentimientos y provoca un movimiento interno en el ser humano.

- La música nos moviliza fisiológicamente, moviliza ritmos, activa el movimiento motriz.

- Nos moviliza también emocionalmente, por su capacidad para transportarnos a través de la emoción a otras experiencias.

- Nos moviliza cognitivamente, reforzando la atención sostenida.

- Afecta a la relación con los otros, sincronizando y cohesionando tales relaciones.

- La música es un canal esencial para sentir y expresa nuestros interrogantes esenciales de la vida.

Cuando toda sombra es hija de la luz

✦ ✦ ✦

Busca la paz mental

A veces, por mucho que tratemos de dominarlos, los pensamientos insisten en acercarse al fuego del dolor y volar a su alrededor y terminamos sintiéndonos quemados por la cólera, la culpa u otra emoción igualmente perturbadora. Cuando nuestros pensamientos están obsesivamente centrados en la llama del dolor emocional, debemos reconducirlos hacia una imagen relajante o una afirmación que favorezca la paz mental.

Descúbrete a ti mismo

Estamos desbordados de noticias que nos sorprenden y nos llenan de temores y miedos. Pero incluso en esta situación renace la humanidad a través de expresiones de solidaridad y ayuda mutua. Es como si la sociedad se movilizara en situaciones extremas por el bien común.

Puedes aprovechar estos momentos de introspección para descubrirte a ti mismo, potenciar tu empatía con los otros y participar de las muestras de amabilidad y cariño. Encuentra el arraigo de la certeza en cada instante, sin caer en las hipótesis de futuro. Llénate de lecturas que te plazcan, de cine, de juegos, de compañía con los tuyos.

No podemos vivir sin esperanza

«La ilusión nos ayuda a neutralizar el fatalismo y la indefensión ante las calamidades.

Como dijo con acierto un maestro de la medicina, las personas podemos vivir un mes sin
comida, tres días sin beber agua, siete minutos
sin aire, pero solo unos pocos segundos sin esperanza.»

Luis Rojas Marcos

Colorear mandalas

Un mandala es un conjunto de elementos organizados alrededor de
un centro que expresa una idea. Suelen ser elementos simbólicos que
conducen a una idea o concepto más profundo. El término mandala
procede del sánscrito y significa círculo. Son representaciones geomé-
tricas que tienen un fuerte arraigo en el hinduismo y el budismo. En
los últimos años se han popularizado en todo el mundo, en forma de
cuadernos para colorear, ya que nos conduce a un estado de tranquilidad
y relajación, nos conecta con nuestro interior, disminuye la ansiedad, la
fatiga y el estrés, y nos remite a una cierta expresión de belleza, armonía
y equilibrio. Además, colorear mandalas sincroniza las funciones cerebrales y nos induce a estados de meditación.

El yoga mental

Quienes practican el yoga lo hacen con la finalidad de liberarse del estrés
y alcanzar la paz interior. Modalidades de yoga hay muchas, pero la que
sin duda más te puede ayudar para liberarte de un estado de ansiedad en
estos momentos de crisis es el yoga mental o raja yoga. No hay que olvi-

dar que el yoga es una práctica psicofísica que requiere tanto de un entrenamiento mental como de una cierta concentración sobre el cuerpo.

En el yoga mental la atención se dirige hacia el interior, tratando de comprender los elementos de nuestra propia naturaleza. Las ocho etapas para alcanzar la plena conciencia en el raja yoga son:

- Yama – autocontrol
- Niyama – disciplina
- Asana – ejercicios físicos
- Pranayama – ejercicios de respiración
- Pratyahara – eliminación de los sentidos de los objetos externos
- Dharana – concentración
- Dhyana – meditación
- Samadhi – realización completa

Estas ocho etapas del raja yoga han de servir al practicante de esta disciplina para alcanzar la plena conciencia, la claridad, el autocontrol y la realización.

No embarcarse en demasiados asuntos

«El hombre que quiere alcanzar la calma interior no debe mezclarse en demasiados asuntos, y en todos aquellos en los que se embarque, no debe ir más allá de su poder y

capacidad natural. Por el contrario, cuando la buena fortuna se abate sobre él, y lo arrastra a ir más lejos, debe estar atento para no fiarse de las apariencias, para no conceder demasiada estima a las ventajas obtenidas y no emprender nada que supere sus fuerzas. Una corpulencia normal es más segura que la obesidad.»

Demócrito

Autohipnosis

Esta puede ser una fórmula efectiva para alcanzar un estado de relajación en el que la mente puede alcanzar lugares escondidos y generar un estado positivo. Y es que a diario realizamos actos conscientes que son impulsados por el inconsciente y que influyen en todo lo que hacemos. Con la autohipnosis se pueden dejar de lado las adicciones y las conductas negativas, mejorando la sensación de autocontrol y confianza personal.

Toda sombra es hija de la luz

«Toda sombra es, al y al cabo, hija de la luz y solo quien ha conocido la claridad y las tinieblas, la guerra y la paz, el ascenso y la caída, solo este ha vivido de verdad.»

Stefan Zweig

La conexión humana

✦ ✦ ✦

El primero de una larga lista

El primero en morir fue Franco Orlandi, de 83 años. Un lunes 24 de febrero, en Alzano Lombardo, en la provincia de Bérgamo, en Italia. Uno de los lugares más castigados por la pandemia. Fue la primera víctima, después vinieron muchos más, cientos, miles. Durante días y días, semanas, meses… La crueldad de unos números que escondían nombres: un sanitario, una doctora, un taxista, una bibliotecaria, un jubilado… Ninguno tuvo derecho a un funeral. «Cuando todo termine», decían las autoridades…

Los novios

Alessandro Manzoni dedicó tres capítulos de su libro *Los novios* a la peste que asoló la región de Bérgamo en 1630. Su población se redujo entonces de 2.700 habitantes a tan solo 744. En la historia de Manzoni, la Divina Providencia opera en lugar de la predestinación, llevando a los prometidos hacia el final feliz, lejos de la maldad humana y la peste divina. Ahora valoramos el coronavirus como un error humano, por no haber estado atento a las señales que nos daba la naturaleza. Otros, más avezados, lo atribuyen a conspiraciones palaciegas. Pero en cualquier caso, seguimos mirando a la ciencia con fe y optimismo.

Vizinho amigo

Se trata de un movimiento organizado en Internet en el que un grupo de jóvenes trata de ayudar a los mayores de su ciudad que viven solos y no tienen de quien les valga para las tareas domésticas. A los cinco minutos de lanzar el movimiento en las redes sociales ya se habían apuntado más de cuatrocientos voluntarios. Y dos semanas más tarde ya había cinco mil personas más.

El espíritu de dugnad

En Noruega, dugnad era tradicionalmente una manera de hacer grandes tareas, como construir techos para la comunidad, cosechar heno o levantar viviendas para quien lo precisara. Funcionaba como un seguro colectivo, siempre se podía recurrir a la comunidad cuando se tuviera necesidad de ello. Apelando a ese espíritu, cientos de noruegos se han apuntado a ayudar a gente que no conocen, desde ir a la tienda para los ancianos y enfermos en cuarentena hasta cantar el cumpleaños feliz a los niños en sus balcones. A un llamamiento del gobierno, en pocos días, 48.000 profesionales de la salud se inscribieron para trabajar en hospitales e instituciones de todo el país.

La enfermera María

María Polidori se enfrentó a una operación para revertir un cáncer de estómago a finales de febrero en Italia. Todo pareció haber ido bien en un primer momento pero días más tarde los médicos informaron a la familia que María había dado positivo por coronavirus. Tres días más tarde María fallecía. Como enfermera y comadrona que había ejercido durante 25 años en la ciudad costera de Porto Potenza era un personaje muy popular y apreciado por sus vecinos. Nadie pudo presentarle sus respetos en su funeral.

La muerte es un accidente

 «No existe muerte natural: nada de lo que sucede al hombre es natural puesto que su sola presencia cuestiona el mundo. Todos los hombres son mortales: pero para todos la muerte es un accidente y, aunque la conozcan y la acepten, es una violencia indebida.»

Simone de Beauvoir

Amor más allá de la muerte

Phillip y Anthony vivían en el estado de Texas. Se habían casado en 2014, y habían logrado romper las barreras de la intolerancia en la ciudad de San Antonio, donde vivían. Eran una pareja alegre, implicada en la comunidad, que se habían planteado la idea de adoptar un hijo. Pero sus vidas y sus sueños se truncaron cuando Phillip contrajo la enfermedad y fue llevado al hospital. Anthony, pocos días más tarde, también fue ingresado con síntomas similares. Su salud se fue deteriorando, hasta que Phillip falleció el 12 de abril. Dos días más tarde, su pareja también fallecía.

La conexión humana puede salvar nuestra cordura

Durante el siglo pasado, la vida humana se ha centrado cada vez más en el dinero y las pertenencias materiales, lo que, especialmente con la tecnología, condujo al abandono de las relaciones humanas. Ahora que de repente nos sentimos atrapados por un virus al que es difícil controlar, la mejor manera de sobrevivir, psicológica y biológicamente, es interactuar con las personas por cualquier medio disponible. Incluso mientras observaba la cuarentena, he escuchado de amigos que no he visto en décadas, y, en un caso, cuarenta y cinco años. «La soledad es una experiencia que no elegimos. Siempre es doloroso» dice Ami Rokach, psicólogo de la York University en Canadá. Estar juntos puede fortalecer nuestros lazos interpersonales al ilustrar que la conexión humana puede ayudar a proteger nuestra salud y salvar nuestra cordura.

La vulnerabilidad y la comprensión del dolor de los otros

«La vulnerabilidad no es una debilidad, una indisposición pasajera o algo de lo que podemos prescindir. La vulnerabilidad no es una opción. La vulnerabilidad es la perdurable corriente subterránea, siempre presente, de nuestro estado natural. Querer escapar de la vulnerabilidad es querer escapar de lo que es esencial en nuestra naturaleza; intentar ser invulnerable es probar vanamente de convertirnos en algo que no somos y, más especialmente, de cerrarnos la puerta a la comprensión del dolor de los otros.»

David Whyte

4

El yo interior y el camino hacia la conciencia

«Cuando salgas de la tormenta, ya no serás la misma persona que había entrado en ella. En eso consiste la tormenta.»

Haruki Murakami

Aprovecha para conocerte mejor a ti mismo y a quienes te rodean

✩ ✩ ✩

Muestras de solidaridad

Estos días hemos podido ver algunas muestras de solidaridad que nos han llegado al corazón y que nos refuerzan como sociedad y como personas. Tenemos múltiples ejemplos que nos han dejado las redes sociales a lo largo y ancho del planeta.

- Como el caso del equipo de fútbol del Breda, en Holanda, que se presentó a las afueras del hospital de su ciudad para aplaudir a sanitarios y personal de limpieza, que luchaban por salvar las vidas de sus conciudadanos.

- O los vecinos de Charo, en Madrid, que para su 80 cumpleaños le prepararon una tarta que le dejaron con unas velas en la puerta de su casa mientras desde los balcones le cantaban el «Cumpleaños feliz».

- En Italia el tenor Maurizio Marchini salió a su balcón y cantó a todo pulmón «Recóndita armonía» mientras su esposa Chiara Bagnoli hacía una transmisión desde su página de Facebook.

- Los bomberos de la localidad de Chattanooga, en Tennessee, recibieron varias cajas de desinfectantes de manos y guantes para poder realizar su trabajo con seguridad de parte de un donante anónimo.

- Tras saber que Italia es uno de los países que más pérdidas humanas está teniendo debido al coronavirus, en Tel Aviv iluminaron el edificio municipal principal con el verde, blanco y rojo, los colores de la bandera italiana, en solidaridad con uno de los países europeos que más ha sufrido fuertemente los efectos de esta pandemia.

Conócete (mejor) a ti mismo

¿Sabes cuáles son tus fortalezas, tus ambiciones, tus expectativas? ¿Y tus miedos, tus desvelos, tus malos hábitos? Conocerse a uno mismo no es una tarea fácil. Pero hacer este ejercicio de introspección es fundamental para comprender lo que ocurre alrededor nuestro. El autoconocimiento te ayudará a cumplir tus metas y objetivos, y será de gran ayuda para que puedas salir airoso de cualquier crisis que se te ponga por delante.

- Uno de los pasos más importantes a dar es tener siempre una actitud positiva, que las tareas que emprendas puedas hacerlas con entusiasmo y optimismo.

- Trata de analizar tus reacciones a la adversidad: analiza tus puntos débiles y presta atención a tus reacciones. Detectando los síntomas que anuncian tu malestar podrás evitarlos.

- Trabaja tus emociones. Si eres consciente de cómo te sientes en cada momento podrás actuar en consecuencia.

- Acepta las críticas. Es importante saber lo que los otros piensan de ti.

No seas una isla en medio del océano

«Si uno no se conoce a sí mismo, no puede ir más allá de las ilusiones proyectadas por la propia mente. El conocimiento propio implica no sólo conocer la acción en la convivencia de un individuo y otro, sino también la acción en las relaciones con la sociedad; y no puede haber sociedad completa y armoniosa sin ese conocimiento. De modo que, en realidad, resulta de mucha importancia y significación que uno se conozca a sí mismo tan completa y plenamente como sea posible. ¿Y es posible ese conocimiento? ¿Puede uno conocer, no en forma parcial sino integralmente, el proceso total de uno mismo? Porque sin conocerse a sí mismo no tiene uno base para pensar. Uno queda atrapado en ilusiones: políticas, religiosas, sociales y éstas son ilimitadas, interminables. El conocerse a sí mismo significa, sin duda, estudiar las respuestas, las reacciones que uno tiene en relación con algo. Uno no puede conocerse a sí mismo aislándose. Eso es un hecho evidente. Podéis retiraros a una montaña, a una caverna, o ir en pos de una ilusión a orillas de un río; pero, si uno se aísla, la vida de relación resulta imposible. Y el aislamiento es la muerte. Sólo en la convivencia puede uno conocerse a sí mismo tal como es. Estudiando, pues, las cosas que hemos aceptado, examinándolas plenamente, no superficialmente, podremos quizá entendernos a nosotros mismos.»

Jiddu Krishnamurti

El interior transformador

Es la capacidad que tiene nuestro interior para elevar el nivel de conciencia, centrarnos en nuestro propio impulso vital y dejarnos transformar por cuanto sucede a nuestro alrededor. Siempre es un excelente momento para desarrollar tu vida interior, más aún en momentos como los actuales, que nos obligan a una reflexión profunda para dar con los mecanismos de nuestra propia existencia. Descubrirse a sí mismo también significa poner lo mejor de uno mismo al servicio de la comunidad, de una manera participativa y creadora.

Aprecia el silencio

Si eres de los que, a las primeras de cambio, enciendes el televisor o no puedes levantarte por la mañana sin tener la radio encendida, cambia de hábitos. Conocerse a uno mismo requiere momentos de silencio y tranquilidad, sin estímulos externos que lo distorsionen. Con solo unos minutos al día, a solas, pendiente del silencio que te rodea, tratando de que tus pensamientos fluyan libremente, podrás conocerte mejor, pues verás que le das importancia a cosas absolutamente superfluas y quizá no valores lo suficiente el camino que estás trazando en tu vida.

El poder del cambio

☆ ☆ ☆

Un mensaje de ánimo y esperanza

Sí, hay miedo.

Sí, hay aislamiento.

Sí, hay compras de pánico.

Sí, hay enfermedad.

Sí, incluso hay muerte.

Pero,

dicen que en Wuhan después de tantos años de ruido

puedes escuchar a los pájaros de nuevo.

Dicen que después de unas pocas semanas de silencio,

el cielo ya no está lleno de humos,

es azul, gris y claro.

Dicen que en las calles vacías de Assisi la gente está cantando desde

sus casas y sus balcones manteniendo sus ventanas abiertas para que

los que estén solos puedan escuchar las voces de las familias

a su alrededor.

(…)

En todo el mundo la gente se está desacelerando y reflexionando.

En todo el mundo, las personas miran a sus vecinos de una manera

nueva.

En todo el mundo la gente está despertando a una nueva realidad…

A lo grande que realmente somos.

A qué poco control tenemos realmente.

A lo que realmente importa.

AMAR

(...)

Sí, hay enfermedad,

Pero no tiene que haber enfermedad del alma.

Sí, incluso hay muerte,

Pero siempre puede haber un renacimiento del amor.

Despiértate eligiendo como quieres vivir hoy.

Hoy respira, haz una pausa y

escucha,

detrás de los tormentos de tu miedo,

los pájaros cantan de nuevo.

El cielo se está despejando.

La primavera está llegando,

Y siempre estamos rodeados de amor.

Abre las ventanas de tu alma

Y aunque no puedas pisar la calle vacía,

Canta!!!

Richard Hendrick

Un desafío común

La sociedad mundial se enfrenta a un terrible desafío como pocas veces ha sucedido a lo largo de la historia. Se trata de cambiar la manera de hacer las cosas, de vivir de otra manera, o corremos el riesgo de desaparecer como especie. Pero no podremos acceder a esa transformación global si individualmente no cambiamos nuestros planteamientos y modificamos nuestros recursos personales.

El cambio es la energía del Universo

La naturaleza de nuestra existencia es el poder transformador del cambio. Y la ignorancia, la fuente de nuestros padecimientos. El cambio nos ofrece la posibilidad de ser personas totalmente nuevas, renovadas. Tu poder de transformación es infinito, solo tienes que decidir en qué dirección quieres ir. El cambio más valioso y potente es el que te atañe a ti como persona. Para que el mundo se transforme en un lugar más amable, debes empezar por cambiar cosas de ti mismo. Cuando eso sucede, tienes el poder de crear cualquier cosa que quieras.

Adaptarse o morir en el intento

«No es la más fuerte de las especies la que sobrevive y tampoco la más inteligente. Sobrevive aquella que más se adapta al cambio.»

Charles Darwin

Decidir el propio camino

✩ ✩ ✩

Alcanzar la cima de la conciencia

Todos pasamos por momentos de excitación y alegría, valles de asimilación y descanso, y helados eriales de angustia y depresión. Una de nuestras principales tareas como seres humanos consiste en salir de los abismos y subir a los picos, y debemos pensar que lo esencial es nuestro progreso global. Muchas veces para alcanzar una cima tenemos que dar un rodeo y perder terreno. En esos momentos debemos preguntarnos si, en conjunto, avanzamos hacia arriba. Relájate, cierra los ojos y visualiza dónde estás ahora en la vida. Plantéate si estás escalando una cuesta difícil hacia la cima del pico, si estás tranquilamente acampada en un valle resplandeciente, o si te debates en un pozo que no parece tener fondo. Permítete estar donde quiera que estés. Estás bien ahí y ahora. Invita gentilmente a que se presente ante ti un Ser que te apoye y anime, que quiera ayudarte. La vida es una sucesión de subidas y bajadas, y tenemos la responsabilidad de aliviarnos y protegernos a lo largo de ese inevitable proceso. Tenemos lo necesario para alcanzar la cima de la conciencia en vez de quedarnos en un abismo.

El oso negro

Demián Bucay nos deja esta maravillosa fábula sobre las crisis y cómo hemos de aprender a convivir con ella, no oponiéndonos sino domesticándola, convirtiendo lo enemigo en amigo, tratándola como una oportunidad para salir reforzados, más sabios y poderosos:

Un día sucedió que el jefe de la tribu murió en una cacería. Dado que no estaba claro quién debía ocupar su lugar, muchos apuntaron a que fuera Huangdi, sosteniendo su origen divino. El chamán de la tribu, que codiciaba para sí mismo el puesto vacante, adujo que Huangdi no había atravesado la ceremonia de iniciación y que, por lo tanto, era todavía un niño. Pero Huangdi tenía ya trece años y los ancianos de la tribu exigieron que se le iniciara.

El chamán, que era el encargado de leer en el humo sagrado qué prueba de iniciación debía atravesar cada joven, prendió las brasas rituales y, aunque no veía claramente los símbolos, proclamó con voz grave aquello que sabía que pondría fin al destino de Huangdi: «¡El oso negro!».

Todos en la tribu se quedaron horrorizados ante el anuncio del chamán, pues sabían que no había animal más temible y poderoso que aquel, y estaban seguros de que un muchacho de la edad de Huangdi jamás podría derrotar a un oso negro en combate. Sin embargo, la palabra del chamán era inapelable, así que el joven Huangdi fue enviado a los bosques con la orden de no regresar hasta que no tuviera prueba de su enfrentamiento con el oso.

Huangdi partió y, por varios días, nadie tuvo noticias de él. En la tribu, muchos lo daban ya por muerto, mientras que otros opinaban que seguramente habría huido. Finalmente, al atardecer del cuarto día, la figura de un oso apareció en el horizonte. Los aldeanos temieron por sus vidas, pero, cuando la figura se acercó aún más, pudieron comprobar, sorprendidos, cómo, encaramado sobre el oso, iba Huangdi.

Al llegar al poblado, el joven descendió del animal y le acarició la enorme cabeza ante las miradas incrédulas de todos y el gesto disgustado del chamán. Quedó claro que Huangdi había superado la prueba de iniciación, así que ocupó el lugar de jefe de la tribu y recibió el nombre de Señor de los Osos, título que conservaría hasta el día en que, muchos años después, se convertiría en emperador de toda China.

El canto de los pájaros sobre las alambradas

Podríamos definir la resiliencia como la capacidad de los seres humanos para superar periodos de dolor emocional y situaciones adversas, saliendo fortalecidos por ellas. Primo Levi, escritor italiano, y Victor Frankl, psiquiatra austriaco, fueron internados en campos de concentración alemanes durante la Segunda Guerra Mundial por su condición de judíos. Mientras que el primero acabó suicidándose, el segundo escribió *El hombre en busca de sentido*, un libro en el que retrata cómo, desde su barracón y en condiciones extremas, se fijaba cada mañana en el canto de los pájaros que se posaban en las alambradas, lo que le dio el aliento vital para sobrevivir. Es decir, era capaz de ver cosas positivas en un presente tan oscuro.

Responsabilidad

Hemos de ser conscientes de nuestro papel en la sociedad, en la responsabilidad que nos toca acarrear y en las consecuencias que pueden tener nuestras acciones. Esta crisis sanitaria nos ha de dar la pauta para organizarnos de otra manera y ver el futuro desde una perspectiva positiva.

La actitud nos hace invencibles

Este fue el mensaje que hicieron llegar a los ciudadanos los sanitarios de la UCI de un hospital mallorquín. Los sanitarios grabaron un vídeo en el que aparecen bailando y cantando. Su objetivo era transmitir un mensaje de ánimo a todos aquellos que estaban en sus casas aún sin poder salir. La canción que escogieron era «Invencibles», del grupo

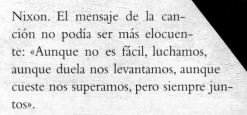

Nixon. El mensaje de la canción no podía ser más elocuente: «Aunque no es fácil, luchamos, aunque duela nos levantamos, aunque cueste nos superamos, pero siempre juntos».

Una realidad modelada a nuestro antojo

Cimentamos las creencias sobre las opiniones que conforman nuestra realidad más cercana. Sucede que emitimos juicios que pensamos están basados en la realidad que nos rodea, cuando lo cierto es que esa realidad, muchas veces la hemos ido modelando a nuestro antojo. Nuestras creencias las hemos ido incorporando desde que nacemos, basadas en nuestras propias experiencias, y van guiando nuestro comportamiento a lo largo de la vida. Las incorporamos de una manera inconsciente. Nuestro éxito en la vida dependerá del sistema de creencias que nos hemos forjado, que condicionan nuestra manera de ver el mundo, nuestras emociones y comportamientos. Pero si tomamos conciencia de esto, tendremos la oportunidad de cambiarlas, modificarlas o suprimirlas.

La riqueza del ser humano

«La riqueza del ser humano es infinitamente mayor de lo que él presiente. Es una riqueza de la que nadie puede despojarle y que en el transcurso de los tiempos aflora una

 y otra vez a la superficie y se hace visible, sobre todo cuando el dolor ha removido las profundidades.»

Ernst Jünger

Hacia la conciencia

✦ ✦ ✦

Un proceso de aprendizaje continuo

Thomas Edison luchó a través de miles de ensayos fallidos antes de poder ofrecernos su lámpara eléctrica incandescente. Cuando se le preguntó cómo logró sobrevivir tantos «fracasos», respondió: «Nunca los consideré como fracasos, pues en cada caso encontré lo que no estaba funcionando». Edison lo vio todo como un proceso de aprendizaje que eventualmente lo llevaría al gran triunfo que buscaba.

Entender y reconocer las crisis

«El hombre no es prisionero de sus hábitos. Grandes cambios pueden ser forjados en él por las crisis, una vez que dichas crisis han sido reconocidas y entendidas.»

Norman Cousins

Ser conscientes

Significa saber distinguir desde qué emociones se aprecia un determinado estímulo, desde qué creencias me juzgo a mí mismo y cómo descifro las señales que da mi cuerpo. La consciencia es un estado mental, gracias a la cual pensamos, valoramos las situaciones a las que nos vemos sometidos, resolvemos las crisis a las que nos enfrentamos y tomamos decisiones al respecto.

Una experiencia humana

«No somos seres humanos atravesando una experiencia espiritual; somos seres espirituales viviendo una experiencia humana.»

Pierre Teilhard de Chardin

Somos seres espirituales

Las personas espirituales no son las que cierran los ojos a la realidad, sino que se disponen a observarla hasta en sus más mínimos detalles. Las personas con un fuerte componente espiritual son capaces de escuchar lo que muchos no oyen. Por eso son personas empáticas, tienen sentido del humor, son equilibradas y disfrutan de cada segundo de la vida. Hay un proverbio árabe que dice que una persona con ojos puede ver los colores, una persona con oídos disfruta de los sonidos, pero solo una persona con espiritualidad puede descubrir el Universo y todas las cosas que hay en él.

Cultivar la conexión con la espiritualidad

Se puede hacer desde distintas ópticas, mediante la oración, la meditación, las peticiones al Universo. También es importante dejar espacios para el silencio, para estar con nosotros mismos. Al cultivar nuestra vida interior, somos capaces de empatizar con los otros de una manera más fluida. Lo que nos sostiene espiritualmente nos da fuerzas para combatir cualquier adversidad.

El principio del Ritmo

Se trata de uno de los principios herméticos que permiten al hombre alcanzar el camino de la evolución espiritual, y que puede aplicarse perfectamente a la situación en la que vivimos. El principio del Ritmo señala que todo fluye y refluye, todo asciende y desciende; la oscilación pendular se manifiesta en todas las cosas; la medida del movimiento hacia la derecha es la misma que la de la oscilación a la izquierda; el ritmo es la compensación. El Universo está siempre en plena transformación, y nada está inmóvil. Esto ocurre en el plano personal, en el de la comunidad en la que vivimos, en la sociedad en general… La vida se mueve entre dos polos, el de la vida y el de la muerte, y el secreto está en mantener la tensión y el equilibrio entre ellos. La enfermedad surge cuando se quiebra el ritmo de esa polaridad. Solo cuando se produce una toma de conciencia y se ejerce la voluntad para crear un ritmo diferente y opuesto al anterior, se consigue cambiar los ritmos negativos que nos atenazan.

Una fábula africana

Un antropólogo propuso un juego a los niños de una tribu africana. Puso una canasta llena de frutas cerca de un árbol y le dijo a los niños que aquel que llegara primero ganaría todas las frutas.

Cuando dio la señal para que corrieran, todos los niños se tomaron de las manos y corrieron juntos, después se sentaron juntos a disfrutar del premio.

Cuando él les preguntó por qué habían corrido así, si uno solo podía ganar todas las frutas, le respondieron:

¿Cómo uno de nosotros podría estar feliz si todos los demás están tristes?

Tener ubuntu

Sirva esta fábula para explicar lo que para algunos nativos africanos significa ubuntu. Una persona con ubuntu es abierta y se encuentra siempre disponible para los demás, respalda a los demás y no se siente amenazado cuando otros son capaces y son buenos en algo, porque está seguro de sí mismo ya que sabe que pertenece a una gran totalidad, que decrece cuando otras personas son humilladas o menospreciadas, cuando se sienten oprimidos.

El efecto mariposa

«El aleteo de las alas de una mariposa aquí, se puede sentir al otro lado del mundo», es un proverbio chino y es también el origen junto a las investigaciones del meteorólogo y matemático Edward Lorenz, de una de las teorías físicas más fascinantes de todos los tiempos: el efecto mariposa. Según este concepto, el aleteo de un insecto en Shanghai puede desatar una tempestad en Nueva York. Trasladando esta idea a la pandemia que asola el mundo se podría deducir que una enfermedad generada localmente ha sido capaz de paralizar el mundo. Por lo que podemos deducir que el mundo está plenamente interconectado y que jamás estaremos por encima de la propia naturaleza.»

5

Vivir en plenitud y encontrar la paz

«Mi misión en la vida no es solo sobrevivir sino prosperar; hacerlo con cierta pasión, algo de humor y un poco de estilo.»

Maya Angelou

Practica la generosidad y la gratitud

✩ ✩ ✩

Qué podemos aprender de todo esto

«Creo que el Universo tiene su manera de devolver el equilibro a las cosas según sus propias leyes, cuando estas se ven alteradas. Los tiempos que estamos viviendo, llenos de paradojas, dan que pensar…

En una era en la que el cambio climático está llegando a niveles preocupantes por los desastres naturales que se están sucediendo, a China en primer lugar y a otros tantos países a continuación, se les obliga al bloqueo; la economía se colapsa, pero la contaminación baja de manera considerable. La calidad del aire que respiramos mejora, usamos mascarillas, pero no obstante seguimos respirando…

En un momento histórico en el que ciertas políticas e ideologías discriminatorias, con fuertes reclamos a un pasado vergonzoso, están resurgiendo en todo el mundo, aparece un virus que nos hace experimentar que, en un cerrar de ojos, podemos convertirnos en los discriminados, aquéllos a los que no se les permite cruzar la frontera, aquéllos que transmiten enfermedades. Aún no teniendo ninguna culpa, aún siendo de raza blanca, occidentales y con todo tipo de lujos económicos a nuestro alcance.

En una sociedad que se basa en la productividad y el consumo, en la que todos corremos 14 horas al día persiguiendo no se sabe muy bien qué, sin descanso, sin pausa, de repente se nos impone un parón forzado.

Quietecitos, en casa, día tras día. A contar las horas de un tiempo al que le hemos perdido el valor, si acaso éste no se mide en retribución de algún tipo o en dinero. ¿Acaso sabemos todavía cómo usar nuestro tiempo sin un fin específico?

En una época en la que la crianza de los hijos, por razones mayores, se delega a menudo a otras figuras e instituciones, el coronavirus obliga a cerrar escuelas y nos fuerza a buscar soluciones alternativas, a volver a poner a papá y mamá junto a los propios hijos. Nos obliga a volver a ser familia.

En una dimensión en la que las relaciones interpersonales, la comunicación, la socialización, se realiza en el (no)espacio virtual, de las redes sociales, dándonos la falsa ilusión de cercanía, este virus nos quita la verdadera cercanía, la real: que nadie se toque, se bese, se abrace, todo se debe de hacer a distancia, en la frialdad de la ausencia de contacto. ¿Cuánto hemos dado por descontado estos gestos y su significado?

En una fase social en la que pensar en uno mismo se ha vuelto la norma, este virus nos manda un mensaje claro: la única manera de salir de esta es hacer piña, hacer resurgir en nosotros el sentimiento de ayuda al prójimo, de pertenencia a un colectivo, de ser parte de algo mayor sobre lo que ser responsables y que ello a su vez se responsabilice para con nosotros. La corresponsabilidad: sentir que de tus acciones depende la suerte de los que te rodean, y que tú dependes de ellos.

Dejemos de buscar culpables o de preguntarnos por qué ha pasado esto, y empecemos a pensar en qué podemos aprender de todo ello. Todos tenemos mucho sobre lo que reflexionar y esforzarnos. Con el Universo y sus leyes parece que la humanidad ya esté bastante en deuda y que nos lo esté viniendo a explicar esta epidemia, a un precio muy caro.»

Francesca Morelli

Ser agradecido

La gratitud es una de las virtudes más valiosas que cualquier ser humano pueda tener. Significa ser consciente de lo compleja que es la vida y nosotros mismos. Es una manera de valorar positivamente el tiempo que los otros nos han de dedicado, por una respuesta, un consejo, una indicación. Es responder al amor con amor, reconociendo el valor de las cosas y estableciendo un vínculo profundo con nuestros interlocutores.

Dar las gracias mejora nuestro bienestar emocional, regula el estrés y repercute de manera directa en nuestra salud física.

La memoria del corazón

«El agradecimiento es la memoria del corazón.»

Lao-Tsé

Ejemplos de generosidad

La generosidad es propia de las personas con sentimientos nobles. Hemos visto estos días multitud de ejemplos de generosidad entre gente anónima que se han viralizado en las redes sociales. Personas que mantienen el ánimo compasivo y tienen un corazón atento a los actos que realizan otras personas para brindarle ayuda cuando la necesitan. No hace falta dar dinero para ser generoso. Se puede serlo compartiendo felicidad, cordialidad, amor, compañía y tranquilidad.

¿Qué identifica a una persona generosa?

- La persona generosa da a los demás más allá de lo que nos corresponde por justicia u obligación.

- Implica la capacidad de salir de nosotros mismos y, por un acto de amor, enfocar las necesidades de los otros.

- Expresa la acción humana en diferentes dimensiones: En la dimensión material significa compartir nuestras pertenencias. En la dimensión espiritual consiste en poner nuestras capacidades y atributos al servicio de quienes nos rodean mediante una acción objetiva de ayuda.

- No tener apego a los objetos.

- Ser generoso significa estar dispuesto a dar todo sin esperar algo a cambio. Aprende a dar de forma desinteresada.

La gratitud nos hace felices

«No es la felicidad lo que nos hace agradecidos; es la gratitud lo que nos hace felices. Todos conocemos personas que tienen todo lo necesario como para ser felices, y sin embargo no lo son, simplemente porque no están agradecidas por lo que tienen. Por otro lado, todos conocemos también personas que no son para nada afortunadas, y sin embargo irradian alegría, simplemente porque aun en medio de su miseria son agradecidas. Así, la gratitud es la clave de la felicidad.»

David Steindl-Rast

Felicidad duradera en un mundo cambiante

El premio Nobel de la Paz, el Dalai Lama, y el arzobispo sudafricano Desmond Tutu se unieron hace unos años en un proyecto fascinante: escribir un libro a cuatro manos sobre la felicidad. Ambos sobrevivieron a la persecución y el exilio, pero a pesar de sus sufrimientos son dos de las personas más alegres del mundo. En *El libro de la alegría* se propusieron responder a la pregunta: ¿Cómo podemos encontrar la alegría mientras afrontamos el inevitable sufrimiento de la vida? Estos dos personajes miraron el abismo y la desesperación de nuestros tiempos y encontraron la manera de vivir una vida llena de alegría. Sus reflexiones tras una vida de dolor y desorden son un ejemplo de coraje y alegría para todo el mundo, profese la religión que profese, y son una fuente de inspiración en nuestra propia vida.

El destino no determina el futuro

«El destino, por oscuro que sea, no determina el futuro. Cada día, en cada momento, somos capaces de crear y recrear nuestra vida, así como la calidad misma de la existencia como especie en el planeta. Este es el poder que poseemos.

La felicidad duradera no reside en la búsqueda de un objetivo concreto ni de un logro en particular. Tampoco se encuentra en la riqueza o en la fama. Se halla tan solo en la mente y en el corazón, y es ahí donde confiamos que la encuentres.»

Dalai Lama y Desmond Tutu

Transforma lo vivido en una experiencia

✦ ✦ ✦

Superar las heridas

Las emociones y los pensamientos tienen un impacto directo en la manera como percibimos la realidad. Una de las personas que más ha trabajado la forma de gestionar los conflictos que se nos presentan a diario es la psicóloga Marian Rojas-Estapé. En su libro *Cómo hacer que te pasen cosas buenas* ofrece consejos sobre la aplicación de nuestras capacidades para tener una existencia plena y feliz, pese a todos los inconvenientes. El libro incide en la idea de que la felicidad consiste en conectar de forma sana con el presente, superando las heridas del pasado y mirando con ilusión el futuro. Y que la felicidad no es lo que nos pasa sino cómo interpretamos lo que nos pasa.

Dar sentido a lo vivido y compartirlo con los demás

Una persona puede pasar por distintos traumas a lo largo de su vida: separaciones, defunciones de algún ser querido, crisis laborales… Ahora, una profunda crisis sanitaria nos afecta a todos por igual. Los hay que no conseguirán superarlo y vivirán la experiencia con un estrés postraumático. Para ellos, ya no será lo mismo todo, tendrán dificultades en su trabajo, en su vida amorosa… En cambio, habrá otras personas que conseguirán transformar lo vivido en una experiencia, y se convertirán en psicólogos, en educadores, en escritores que darán sentido a lo vivido y lo compartirán con los demás.

Dominar las emociones negativas mediante la resiliencia

Boris Cyrulnik es psiquiatra, neurólogo y etólogo francés conocido como uno de los padres de la resiliencia. Su infancia no fue fácil. Con tan solo siete años enviaron a su familia a los campos de concentración y nunca regresaron. Cyrulnik es el gran avalador del concepto resiliencia, entendida como la capacidad de salir bien librado de la adversidad, una manera de seguir adelante que nos enseña a vivir de otra manera. Pero, ¿cómo puede desarrollarse la resiliencia en momentos como los actuales? En palabras de este famoso psiquiatra francés: «Primero conociendo los mecanismos generales de la memoria y la representación de los recuerdos, luego identificando las vulnerabilidades particulares y, finalmente, desarrollando la capacidad para dominar las emociones negativas».

Un cuento sobre la actitud resiliente

Una mujer muy sabia despertó una mañana, se miró al espejo y notó que solamente tenía tres cabellos en su cabeza.

«Hmmm» –pensó. «Creo que hoy me voy a hacer una trenza.»

Así lo hizo y pasó un día maravilloso.

El siguiente día se despertó, se miró al espejo y vio que tenía solamente dos cabellos en su cabeza.

«Hmmm» –dijo. «Creo que hoy me peinaré con la raya en medio.»

Así lo hizo y pasó un día grandioso.

El siguiente día cuando despertó, se miró al espejo y notó que solamente le quedaba un cabello en su cabeza.

«Bueno» –dijo ella, «ahora me voy a hacer una cola de caballo.»

Así lo hizo y tuvo un día muy, muy divertido.

A la mañana siguiente cuando despertó, corrió al espejo y enseguida notó que no le quedaba un solo cabello en la cabeza.

«¡Qué bien! –exclamó. «¡Hoy no voy a tener que peinar-me!»

Las buenas relaciones nos hacen más felices

Robert Waldinger es profesor clínico de psiquiatría de la escuela de medicina de la Universidad de Harvard, de donde también se graduó como médico psiquiatra. Además es psicoanalista y monje zen. Es el director del Estudio de Desarrollo de Adultos, que estudia el grado de felicidad de los seres humanos. Tras un exhaustivo estudio, con miles de entrevistas a hombres y mujeres de todo el mundo, a los que preguntó sobre su vida en el hogar, sobre su trabajo y su salud, concluyó que los más felices no son ni los más ricos ni los más famosos. Waldinger y su equipo concluyeron que solo las buenas relaciones nos hacen más felices y saludables.

Haz del amor y la compasión tus lemas de vida

✦ ✦ ✦

Cooperación entre humanos

Los humanos, como seres altamente sociales que somos, no podemos vivir solos. Debemos vivir en un entorno cooperativo. Quienes carecen de sentido de responsabilidad colectiva o sentido del bien común, están actuando contra la propia naturaleza humana. Tal y como actúan las abejas o las hormigas. Una sola hormiga no puede cargar un insecto muerto que ha encontrado en el campo. Necesita de sus compañeras para cargar la presa y llevarla al nido para alimentar a las otras hormigas. Las abejas jóvenes limpian la colmena y alimentan a las crías, mientras que las obreras van en busca de alimento. Para que el ser humano pueda sobrevivir, necesita de una cooperación genuina basada en un sentimiento de fraternidad y solidaridad.

La compasión nos abre el corazón

La compasión entre humanos es un elemento fundamental. Debemos tratar de comprender el sufrimiento del otro para tratar de aliviarlo y reducirlo. Tener interiorizado ese sentimiento significa querer ayudar y mitigar el sufrimiento ajeno. No hay que confundir la compasión con la lástima. La compasión nos debe dar la energía suficiente como para querer ayudar a los demás aliviando su propio sufrimiento. La compasión nos abre las puertas de las emociones, permitiéndonos sentir el sufrimiento de los otros.

La mente compasiva

El catedrático de la Universidad de Derby, Paul Gilbert, publicó un libro fundamental titulado *La mente compasiva* para entender la compasión como una herramienta para un mejor entendimiento y manejo de la mente y las emociones. Gilbert nos invita a vivir una vida con sentido, conexión y resiliencia, demostrando que se pueden entrenar nuestras habilidades innatas en la compasión por nosotros, por los demás y por el mundo que vivimos. El resultado no solo será una mayor felicidad y salud física, sino que conseguiremos fortalecer las relaciones con los demás y con nuestro planeta.

Cómo desarrollar la compasión

A través de cuatro sencillos pasos podremos sentir que no estamos solos y que hay otras personas cercanas a nosotros que necesitan nuestra ayuda. Al incorporar la compasión a nuestras vidas, notaremos cambios significativos, contribuyendo a mejorar nuestra salud física y emocional y a construir un mundo más justo y generoso.

- Percibir el sufrimiento: Es el primer paso para sentir la compasión. Tienes que abrir tu corazón y entrar en contacto con tus emociones.

- Evaluar el sufrimiento ajeno: Para ello hay que limpiar nuestra mirada de cualquier juicio previamente establecido. No hay que pensar nunca que una persona merece estar sufriendo, porque entonces no aparecerá nunca la compasión en nuestro corazón.

- Sentir plenamente la emoción: Sucede en ocasiones que al abrir la puerta a nuestras emociones, estas nos producen sufrimiento y malestar. Es un paso necesario para no bloquearnos y sentirnos más libres.

- Actuar: Percibido el sufrimiento ajeno, toca actuar, dar apoyo emocional a quien lo precise.

El hilo invisible que a todos nos conecta

«Esta mañana, cuando os miro a los ojos y miro a los ojos de todos mis hermanos en Alabama, en América y en el mundo entero, yo os digo que os quiero y que preferiría morirme a tener que odiaros. Soy lo suficientemente ingenuo para creer que el poder de este amor es capaz de transformar en algún lugar hasta la persona más recalcitrante.»

Martin Luther King Jr.

La necesaria conexión

El amor y la compasión son dos de las emociones humanas que más felicidad otorgan a quien las posee. Los seres humanos sobrevivimos gracias a estas emociones: cuando nacemos, no podríamos salir adelante sin el amor de los padres. Según la psicología budista, las aflicciones mentales son la causa del sufrimiento humano, y son el egoísmo y el egocentrismo las estructuras psicológicas que han creado dichas aflicciones. Cuando regamos un árbol, el agua alcanza a cada rama, a cada hoja, a cada flor. La compasión y el amor son como esa agua, no solo te alcanza a ti, sino que una vez se practican, se expanden y alcanzan a todos los seres vivos.

El secreto de compartir

«Gautama Buda no solo estaba iluminado, sino que fue un revolucionario iluminado. Su preocupación por el mundo y por la gente era inmensa. Enseñaba a sus discípulos a no retener el silencio, la serenidad y la profunda felicidad que bulle en tu interior cuando meditas, y a dársela al resto del mundo. No te preocupes, porque cuanto más das, más posibilidades tendrás de recibir. El gesto de dar tiene una enorme importancia una vez sabes que dar no te va a restar nada, sino todo lo contrario, porque va a multiplicar tus experiencias. Pero alguien que nunca ha tenido compasión no conoce el secreto de dar, no conoce el secreto de compartir.

Ocurrió una vez que uno de los discípulos de Buda, un seglar -no era sannyasin pero era muy devoto de Gautama Buda- dijo: "Yo lo haré. Pero solamente con una excepción. Voy a dar mi felicidad, mi meditación y todos mis tesoros internos a todo el mundo, excepto a mi vecino, porque es un hombre realmente perverso". Los vecinos son siempre los enemigos. Gautama Buda le dijo: "Entonces olvídate del mundo y dáselo a tu vecino nada más". El hombre no entendía nada:

"¿Qué estás diciendo?".

Buda respondió: "Solamente si eres capaz de dárselo a tu vecino serás libre de esta actitud antagonista hacia el ser humano"».

Osho

Cuando la esperanza se cobija en el silencio

El amor se ha visto en la necesidad de transformarse en esta etapa que estamos viviendo, un mundo extraño y completamente diferente a como lo conocíamos. Restricciones para entrar en las tiendas, el uso de mascarillas obligatorias para los transportes públicos, aislamiento y temor por estar separados de quienes amamos, sin poder abrazar, ni besar. El amor se ha transformado, sí, en algo muy poderoso que viene acompañado de compasión, de bondad, de altruismo. El amor se ha convertido en algo más profundo que no se limita a nuestros seres queridos, sino que se ha ampliado hacia quienes cuidan a los enfermos, hacia quienes limpian y desinfectan a riesgo de su salud, a quienes su trabajo resulta esencial para que salgamos adelante. El amor ha humanizado las redes sociales, las palabras cobran ahora un sentido más bondadoso y amable y la esperanza se cobija en el silencio de nuestras ciudades.

En el corazón de todo ser humano

✩ ✩ ✩

Mencio fue un filósofo chino, el más eminente seguidor del confucionismo. En su obra, conocida como *Mengzi*, defiende que el hombre es bueno por naturaleza y debe poder desarrollar una conducta razonable y recta. Según este pensador, en el corazón de todo ser humano hay cuatro sentimientos naturales o tendencias que le orientan hacia el buen camino:

- El sentimiento de compasión
- El sentimiento de vergüenza
- El sentimiento de respeto y modestia
- El sentimiento de lo que está bien y mal

Esos sentimientos son una especie de raíces que, cultivadas, desarrollan las virtudes de la benevolencia, la rectitud, la urbanidad y la sabiduría. Mencio intentó influir en los gobernantes de su tiempo para que creasen las condiciones más favorables para el desarrollo de las personas. En sus escritos dejó dicho que el gobernante sabio es aquel que se preocupa por el bienestar de su pueblo. De acuerdo con la filosofía de Mencio, cuando las atenciones de uno no se reconocen, se debe mirar hacia adentro para preguntarse si la atención fue suficiente. Cuando el consejo de uno no se toma, uno debe preguntarse si era lo suficientemente sabio. Cuando la bondad de uno no se aprecia, hay que preguntarse si fue lo suficientemente sincero. Cada vez que se recibe una respuesta desagradable de los demás, uno siempre debe examinarse a sí mismo para encontrar la razón en lugar de culpar a los otros.

Bailando con lobos

Un indio norteamericano contó a su nieto que sentía que había dos lobos luchando en su interior. «Uno de los lobos es violento, lleno de sed de venganza. El otro es cariñoso y compasivo». El nieto preguntó: «¿Cuál de los lobos vencerá en mi corazón?». «Aquél al que alimentes», respondió el anciano.

¿Se puede alcanzar la felicidad?

✩ ✩ ✩

Que tus éxitos sirvan para estimularte

Una eficaz manera de reducir el miedo a una dimensión manejable y realista consiste en centrarse en los buenos resultados, por pequeños que sean. Todos tenemos experiencias cotidianas que nos van bien y a menudo conseguimos éxitos sobre los que podemos construir. Si queremos tener una vida llena y feliz debemos centrarnos en lo construido y no en lo que se deshace. No pocas veces nos desmoronamos concentrándonos en nuestras limitaciones en vez de estimularnos con nuestros éxitos.

El propósito de una vida

«Creo que el propósito de la vida es ser feliz. Desde el momento en que nace, cada ser humano busca la felicidad y trata de evitar el sufrimiento. Ni el condicionamiento social, ni la educación, ni la ideología pueden afectar esa realidad. Desde lo más profundo de nuestro ser, simplemente deseamos sentirnos satisfechos. Yo no sé si el Universo, con sus innombrables galaxias, estrellas y planetas, tiene algún sentido más profundo o no, pero al menos está claro que nosotros, los seres humanos que vivimos en este planeta, tenemos ante nosotros la tarea de crearnos una vida feliz. Por lo tanto, es importante descubrir aquello que nos proporcionará el mayor grado de felicidad.»

Dalai Lama

El hombre más feliz de la tierra

Según la Universidad de Wisconsin, tal honor lo ejerce Matthieu Ricard, un monje budista que vive en el monasterio de Schechen, en el Nepal. Según el monje budista, que él sea la persona más feliz de la tierra es el resultado de más de cuarenta años de meditación. Cuando Matthieu medita, se registra un nivel de ondas gamma (vinculadas a la conciencia, la atención y el aprendizaje) nunca antes reportado en la neurociencia. Para este monje, es importante dejar de buscar la felicidad fuera de nuestra persona, y empezar a mirar en nuestro interior. Ser felices debe ser un estilo de vida que debemos construir, dejando de pensar tanto en lo que nos falta y practicando el altruismo.

El respeto total a la vida

Albert Schweitzer nació en 1875 en un pequeño pueblo de Alsacia. Se formó en filosofía, pero interrumpió su brillante carrera para formarse como médico y partir hacia el Congo francés, donde fundó un hospital para la gente local. Su fuerte vocación de servicio se tradujo en unos textos en los que abogaba por una vida justa y saludable para todos. Como este: «Respetar la inmensidad sin fin de la Vida, no ser nunca más un extraño entre los hombres, participar y compartir la vida de todos. Yo debo respetar todo lo que vive. Yo no puedo evitar sentir compasión hacia todo lo que vive: he aquí donde radica el principio y fundamento de toda ética. Quien un día haya realizado esta experiencia, no dejará de repetirla, quien haya tenido esa toma de conciencia una vez, ya no podrá ignorarla jamás. Este es un ser moral que lleva en su interior el fundamento de su ética, porque la ha adquirido por propio convencimiento, porque la siente y no la puede perder. Pero aquellos que no han adquirido esta convicción, no tienen más que una ética añadida, aprendida, sin fundamento interior, que no les pertenece y de la que fácilmente, según las conveniencias del momento, pueden prescindir. Lo trágico es que durante siglos, la humanidad sólo ha aprendido éticas de conveniencia, que cuando hay que ponerlas a prueba no resisten: son éticas no sentidas. El resultado es la grosería, la ignorancia, la falta de corazón y, no lo dudemos, esto es así porque todavía no es general la posesión de la base de toda ética: el sentimiento solidario hacia toda vida, el respeto total a la vida».

Prestar atención a la felicidad ajena

Cuanta más atención prestemos a la felicidad ajena, mayor será nuestro propio sentimiento de bienestar. Al cultivar relaciones cariñosas con los demás, automáticamente nuestra mente se vuelve más tranquila. Esto también ayuda a eliminar cualquier temor o inseguridad que tengamos y nos da la fuerza necesaria para enfrentarnos con cualquier obstáculo que surja. Es la fuente fundamental del éxito en la vida.

No olvides el sentido del humor

✩ ✩ ✩

El sentido del humor refuerza nuestro sistema inmunitario

Desarrollar el sentido del humor, aun en situaciones comprometidas es muy importante para tu salud emocional. No en vano, sirve para desarrollar la empatía, la comunicación emocional y fomentar las redes sociales. La base del sentido del humor es la empatía, esto es, la comunicación emocional. Además de promover la socialización, tener sentido del humor es fundamental en la biología humana, ya que produce cambios psicológicos, neurológicos, endocrinos e inmunitarios. Es, por tanto, un elemento que refuerza nuestra salud.

La risa apacigua el dolor

«La risa es un tónico, un alivio, un respiro que permite apaciguar el dolor.»

Charles Chaplin

Patch Adams

Hunter Doherty 'Patch' Adams fue un médico estadounidense que trató enfermos de toda condición. Adams enseñó a los pacientes a reírse como herramienta para no tener un mal día, consiguiendo que muchos de ellos —algunos con enfermedades terminales— recuperaran el ánimo durante el largo proceso de enfermedad. Este médico, cuya labor fue llevada al cine por Robin Williams en la película *Patch Adams*, decía que: «Resulta importante contar con personas que sepan provocar risas en los enfermos, que tengan las capacidades del payaso: adecuado lenguaje corporal, mímica de la cara y expresiones del cuerpo, ya que eso provocará, además de risas en los pacientes, una empatía adecuada entre doctor y enfermo».

La risa libera tensiones

Cuando el cerebro está sometido a situaciones de emoción o miedo, se activan los mecanismos de alerta y vigilancia. La risa libera tensiones y reduce la angustia, activando la respiración y amplios movimientos en el diafragma, que es el motor que hace que el oxígeno llegue mejor a nuestros centros vitales. Además, la risa libera endorfinas, que nos permiten darnos una sensación de tranquilidad y placidez.

Una medicina natural

La risa no será el tratamiento definitivo para liberarnos del virus, pero seguro que nos ayudará a vencerlo y nos facilitará la vida a partir de ahora. Cuando nos echamos unas buenas risas nuestra mente es incapaz de pensar en nada más. Reírse es, por tanto, una medicina natural contra las preocupaciones.

Risas históricas

Los griegos sabían de la importancia del humor en los procesos de curación. De manera que, cuando trataban de recuperar a alguien de alguna enfermedad, lo primero que hacían era llevarlo a «la casa de los cómicos», como parte del proceso. Que los bufones de las cortes medievales fueran los encargados de animar las pantagruélicas comidas tenía sentido porque la medicina recomendaba las risas como remedio para mejorar la digestión. Y en el siglo XIII, algunos cirujanos utilizaban el humor para «distraer» a los pacientes del dolor de la cirugía. La risa nos sirve para aliviar tensiones, estimula el corazón, los pulmones y los músculos, genera endorfinas que benefician el cerebro y hace bajar la presión sanguínea. La risa nos conecta con los otros aunque sea a través de un teléfono móvil, y hace que nos olvidemos de las situaciones difíciles, combatiendo la ansiedad y la depresión.

6

Hacia una sociedad alternativa

«La cometa se eleva más alto en contra del viento, no a su favor.»

Winston Churchill

Abre los ojos

✩ ✩ ✩

El virus de pensar una sociedad alternativa

«El coronavirus es un golpe al capitalismo del estilo *Kill Bill* y podría conducir a la reinvención del comunismo. También ha desencadenado grandes epidemias de virus ideológicos que estaban latentes en nuestras sociedades: noticias falsas, teorías de conspiración paranoicas, explosiones de racismo. (...) Pero quizás otro virus ideológico, y mucho más beneficioso, se propagará y con suerte nos infectará: el virus de pensar en una sociedad alternativa, una sociedad más allá del estado-nación, una sociedad que se actualiza a sí misma en las formas de solidaridad y cooperación global.»

Slavoj Zizek

La gestión de la naturaleza

La naturaleza es fundamental para nuestra propia supervivencia, nos proporciona oxígeno, regula los patrones del clima, poliniza los cultivos, etc., pero en las últimas décadas la hemos sometido a un estrés excesivo. Es hora de repoblar los bosques, detener la deforestación, trabajar con energías renovables y proveernos de productos sostenibles. Cuanto mejor sea la gestión de la naturaleza, mejor será la salud humana.

Primavera silenciosa

En 1962, la escritora y bióloga marina Rachel Carson publicaba su obra *Primavera silenciosa*, una investigación sobre el uso de pesticidas que contaminaban la cadena alimentaria. Fue acusada de «comunista» y de «fanática» por la gran industria alimentaria. La publicación del libro desencadenó una investigación federal sobre el uso de pesticidas

en el mundo natural, convirtiéndose en unos de los primeros libros sobre ecología que impregna la cultura popular. El libro de Carson supuso un punto de inflexión para entender que las pautas de consumo de la sociedad eran y son una amenaza directa hacia el ecosistema.

La huella ecológica

Estos días hemos visto pavos reales por la calles de las ciudades de California, renos en poblaciones del Japón, pumas en Santiago de Chile, jabalíes en Barcelona y hasta un oso paseando por Cangas de Narcea. La naturaleza ha aprovechado la desaparición de los humanos para recuperar espacios que había perdido. La amenaza del coronavirus es temporal, pero los incendios, las inundaciones, las tormentas extremas y el cambio climático persistirán si no hacemos algo para evitarlo. Recomponer las relaciones de armonía con la naturaleza es la gran tarea pendiente: reencontrarnos con ella asegurando su regeneración, desde el respeto y la responsabilidad.

Recomponer la vida de Gaia

«Ojalá que la pandemia del coronavirus, como la peste en la Antigua Grecia, resulte un acontecimiento histórico que alcance a instaurar en la conciencia humana la inteligencia de la vida; que logre recodificar el silogismo aristotélico «todos los hombres son mortales», para recomponer la vida de Gaia, de la Pachamama. Para instaurar en el pensamiento a un nuevo silogismo: la vida es naturaleza/Soy un ser vivo/soy naturaleza.»

Enrique Leff

La Tierra es un organismo vivo

En 2019 se celebró el centenario del nacimiento de James Lovelock, un químico británico famoso por su hipótesis o teoría de Gaia. Lovelock definió Gaia como una entidad compleja que implica la biosfera, la atmósfera, la tierra y los océanos, constituyendo la totalidad de un sistema retroalimentado que busca un entorno físico y químico óptimo para el planeta. Es decir, la Tierra se comporta como un organismo vivo y es un organismo complejo en sí mismo. En palabras del mismo Lovelock: « La vida hace mucho más que adaptarse a la Tierra. Transforma la tierra para sus propios fines».

Identifica aquello que te hace feliz

✭ ✭ ✭

La filosofía hygge

Los daneses lo tienen claro. No en vano practican la filosofía hygge desde hace más de dos siglos. Se trata de disfrutar de la vida con planes sencillos, confortables y relajados en soledad o en buena compañía. Consiste en identificar las situaciones cotidianas que provocan bienestar y en identificar aquellas pequeñas cosas que te hacen feliz. En la filosofía hygge cada uno identifica las cosas que le hacen feliz. He aquí algunos pequeños consejos:

1. Apaga las luces. Deja que la luz suave te envuelva y te ayude a encontrar la calma.

2. Disfruta de un buen chocolate y de una taza de té. Los alimentos, además de nutrirnos, pueden reconfortarnos. Elígelos bio.

3. Desconecta. Es tu momento. Usa el móvil solo para poner tu música relajante favorita. A veces hay que desconectar para estar verdaderamente conectado.

4. Apuesta por las manualidades y los juegos de mesa. Hay quien se relaja coloreando mandalas o con la jardinería. Juega. Siéntete de nuevo un niño. Aprende a desaprender.

5. Ponte cómodo. Opta por prendas amplias y con historia. Disfruta de la suavidad de los tejidos orgánicos naturales. Descálzate.

6. Disfruta de tu tribu. Construye historias con ellos. Y no dudes en apuntarlas en tu diario para revivirlas con el paso del tiempo.

7. Disfruta como si estuvieras de vacaciones. Cocina. Juega con tu mascota. Celebra. Medita. En eso consiste.

8. Rodéate de plantas y de formas naturales. Te ayudarán a encontrar el equilibrio.

Establece acuerdos con tus seres más cercanos

Es un buen momento para hablar sobre los retos, las dificultades y las oportunidades que os pueden ofrecer la situación actual. Aprende de tus fortalezas y minimiza tus debilidades. Cada persona puede vivir esta situación de maneras diferentes y tu manera de afrontarla, además puede cambiar a lo largo de los días. Define tareas, cuestiones importantes con tu pareja, con tus hijos, con las personas mayores que estén a tu cargo. Establece acuerdos y crea un ambiente protegido y a gusto de todos.

La felicidad sólida

«La búsqueda de la felicidad no es cosa de
un día sino que requiere esfuerzo, conocimiento y trabajo.» Así de tajante se expresaba
el psiquiatra y escritor Ricardo Capponi que centró
su trabajo en la importancia de conocer los pilares que forjan nuestra
felicidad. Capponi habla en sus libros de que los placeres sensoriales,
aquellos que asociamos a nuestro bienestar básico, varían según cómo
se adapten a nuestra vida. Los placeres esenciales nos hacen pensar
que los bienes materiales nos traerán la felicidad. Pero esto no es así,
los recursos económicos nos provocan infelicidad por las dos vías más
nocivas para el funcionamiento mental: la adicción y el estrés. Es importante aceptar los sentimientos negativos que tengamos, entenderlos
y, de esta manera, poder disfrutar de los buenos.

Una puerta que se abre para nosotros

«La vida no es ningún pasillo recto y fácil que recorre-
mos libres y sin obstáculos, sino un laberinto de pasadizos,
en el que tenemos que buscar nuestro camino, perdidos y
confusos, detenidos, de vez en cuando, por un callejón sin
salida. Pero, si tenemos fe, siempre se abre una puerta ante
nosotros; quizá no sea la que imaginamos, pero si será, finalmente, la que demuestre ser buena para nosotros.»

A. J. Cronin

Un mundo mejor

✦ ✦ ✦

Cambiar de prioridades es posible

¿Qué echamos de menos antes de que produjera la expansión del virus? Quizá los abrazos, dirán unos. A lo mejor la libertad de movimiento, dirán otros. Piensa si todo lo que significaba tus rutinas anteriormente se puede cambiar y si merecía la pena vivir como antes. Estamos (re)descubriendo el valor de la solidaridad, el de un sistema público sanitario con garantías, la mejor versión del teletrabajo, las políticas de cooperación y no las de enfrentamiento. Has descubierto que la música o las series de televisión en compañía con tu gente más próxima tienen otro valor. Cambiar de prioridades es apostar a caballo ganador.

Preservar la biodiversidad

Desde mediados del siglo XX han ido apareciendo entre nosotros centenares de patógenos de los que no se tenía constancia. El ébola, el zika, y tantos otros de procedencia animal. Pero la fauna salvaje no tiene la culpa de ello. La mayor parte de los microbios llevan conviviendo con ellos años y años. El problema está en la deforestación, en la urbanización y la industrialización que ha supuesto una amenaza para muchas especies. Es necesario preservar la biodiversidad y repensar la agricultura hacia un modelo más sostenible y biodinámico. Las decisiones que surjan de esta crisis histórica tendrán que estar enfocadas hacia una transición ecológica. La vida en el planeta está en juego.

Una oportunidad a la vida

La estabilidad climática es la base de la civilización moderna. La Tierra precisa de las lluvias monzónicas para que crezcan los cultivos, es necesario que haya una variación climática para que las plantas puedan florecer y las cosechas den sus frutos, los glaciares deben mantenerse para que sean capaces de almacenar el agua que precisan los humanos durante las estaciones más secas y los bosques se han de preservar al amparo de los incendios. Si no frenamos el cambio climático el futuro de la agricultura quedará en suspenso y las consecuencias pueden ser imprevisibles.

Ejemplos de liderazgo

¿Qué tienen en común Islandia, Taiwán, Alemania, Nueva Zelanda, Finlandia, Islandia y Dinamarca? Pues curiosamente son algunos de los países que mejor han sabido liderar la crisis y, curiosamente, todos ellos están liderados por mujeres. Esta pandemia nos está regalando una forma alternativa de ejercer el poder, sin duda más humana, capaces de pactar con sus enemigos políticos para salvaguardar a la población. Lejos del autoritarismo de otros líderes mundiales, son un ejemplo evidente por su capacidad para establecer iniciativas innovadoras hechas con total transparencia.

Un mundo para las personas

Que estamos ante la posibilidad de un cambio significativo en la sociedad parece un hecho evidente. Tenemos el privilegio de ser testigos excepcionales de un momento trascendental en la historia de la humanidad. En palabras del profesor de Investigación Astrofísica David Barrado Navascués: «Estamos ante un cambio de paradigma social, tenemos ante nosotros la posibilidad de protagonizar una revolución pacífica, civilizada, que debiera empezar en la educación, algo que los ilustrados ya sabían en el siglo XVIII.» Una formación para la ciudadanía, no para preparar elementos de la fuerza laboral. Un movimiento en el que los científicos e intelectuales, junto con otros líderes sociales, cobren verdadero protagonismo. Una corriente articulada por la racionalidad, pero que no olvide las necesidades de cada uno de sus miembros, construida sobre un conocimiento verdaderamente holístico, no sobre tecnicismos de hiperespecialistas, por muy necesarios que sean. Tenemos, pues, la oportunidad de crear un mejor mundo, un mundo racional, un mundo para las personas».

Autores consultados para elaborar este libro

Cañete, Curro (Málaga, 1978). Escritor y periodista, se licenció en Derecho en la Universidad de Córdoba y en Periodismo en la Universidad Carlos III de Madrid. Trabaja como coach impartiendo cursos y conferencias poniendo de relieve técnicas terapéuticas que ayuden a salir de bloqueos mentales y poder vivir así la vida deseada. Es autor del libro *Una nueva felicidad*, un relato que habla sobre la importancia de ser valiente en la vida a través de un viaje extraordinario hacia la libertad y el amor.

Chopra, Deepak (Nueva Delhi, 22 de octubre de 1946). Médico especialista en medicina ayurvédica, orador y conferenciante de fama mundial. Formado en la medicina natural, ha trabajado en el ámbito de la salud espiritual, en el que la mente juega un papel fundamental. Su influencia está marcada por las enseñanzas de escrituras tradicionales indias como el Ayurveda, corriente tradicional de la curación hindú, los Vedānta y el Bhagavad Gita. Sus libros se han vendido en todo el mundo. Entre ellos se puede destacar *Las siete leyes espirituales del éxito*, *La perfecta salud* o La curación cuántica.

Gilligan, Stephen (California, 1954). Doctor en psicología por la Universidad de Stanford, fue el fundador, junto a Richard Bandler y John Grinder de la fundación de la Programación Neurolingüística. Como terapeuta y profesor, ha desarrollado una nueva práctica de «despertar» incorporando la psicoterapia ericksoniana, los principios del budismo, de la meditación y las artes interpretativas. Es autor de *El viaje del héroe* o *Trance generativo*.

Goleman, Daniel (Stockton, 7 de marzo de 1946). Psicólogo, antropólogo, periodista y escritor, su nombre saltó a la fama tras la publicación de su obra *Inteligencia emocional,* donde explicaba las competencias de autoconocimiento, disciplina, persistencia y empatía, más importantes para la vida y el propio coeficiente intelectual de las personas. Su tesis era que debemos enseñar a los niños a desarrollar estas competencias desde la más temprana edad, porque serán muy beneficiosas para su futuro.

Hay, Louise (Los Ángeles, 8 de octubre de 1926-San Diego, 30 de agosto de 2017). Terapeuta y conferenciante, está considerada la impulsora del movimiento de crecimiento personal. Comenzó a inclinarse a prácticas espirituales tales como la meditación trascendental y a asistir a los encuentros de la Iglesia de la Ciencia Religiosa. Más tarde empezó a estudiar las causas mentales de las dolencias físicas y desarrolló pautas de pensamiento positivas para revertir la enfermedad y crear salud. Entre sus principales obras destacan *Amar sin condiciones, El poder está dentro de ti, Sabiduría interior* o *Tú puedes crear una vida excepcional*.

Kabat-Zinn, Jon (Nueva York, 5 de junio de 1944). Profesor emérito de la facultad de medicina de la Universidad de Massachusetts y doctor en biología molecular. Su sólida experiencia en zen, yoga y budismo le llevó a ser conocido en Occidente como el impulsor del mindfulness. Es el creador del programa de reducción del estrés basado en esta terapia. Es autor del libro *Vivir con plenitud las crisis, La práctica de la atención plena* o *Minfulness para principiantes*.

Kornfield, Jack (1945). Estadounidense de nacimiento, Kornfield se formó como monje budista en Tailandia, Birmania e India, donde empezó a trabajar como maestro de meditación. Ha dedicado su vida a integrar las enseñanzas orientas en la mentalidad occidental, formando varias generaciones de maestros Vipassana en los Estados Unidos. Ha publicado *Camino con corazón, Después del éxtasis, la colada* o *La sabiduría del corazón*.

Morelli, Francesca. Se graduó en Psicología Clínica y Comunitaria en la Universidad La Sapienza y se doctoró en Neuropsicoendocrinología por la Universidad Tor Vergata, en Roma. Apasionada de la investigación y de la formación didáctica, hoy está volcada en la psicoterapia. Morelli hace especial incidencia en que vivimos en un mundo en desequilibrio, con un exceso de consumo de los recursos naturales y una ideología basada en el hedonismo, en completa ausencia de una conciencia moral.

Osho (Bhopal, 11 de diciembre de 1931- Pune, 19 de enero de 1990). Fue profesor de Filosofía mientras empezaba a dar conferencias por toda la India. Fundador de los grupos de meditación dinámica, fundó una comuna en el estado de Oregón, en los EE.UU., hasta que fue encarcelado y expulsado del país. Regresó a la India, donde prosiguió con su trabajo hasta su muerte. No escribió ningún libro, y toda su obra procede de sus conferencias y sus vídeos. En sus enseñanzas destaca el poder de la meditación, del amor, de la celebración, la valentía y la creatividad. Sus ideas marcaron profundamente el pensamiento de generaciones de jóvenes.

Samsó, Raimón (Barcelona, 8 de septiembre de 1959). Coach, conferenciante y escritor, es licenciado en Ciencias Económicas por la Universidad de Barcelona. En sus conferencias, aborda temas relacionados con la economía, el emprendimiento y el desarrollo del potencial humano tanto en equipos como de forma individual. Ha publicado *El código del dinero*, *Cita en la cima*, *Dos almas gemelas* o *Taller de amor*, escuela de almas, entre otros.

Steindl-Rast, David (Viena, 1926). Estudió artes, antropología y psicología antes de formarse como monje benedictino. Fue uno de los primeros católicos en participar en el diálogo ecuménico entre religiones, al estudiar el budismo zen. Ha dado conferencias por todo el mundo, siendo considerado como un gran maestro espiritual. Es autor de libros como *La gratitud, corazón de plegaria* y *Un corazón atento*, considerándose un gran defensor de la justicia social y el respeto por las minorías.

Tolle, Eckhart (Lünen, 16 de febrero de 1948). Tolle es un escritor alemán célebre por ser uno de los autores de espiritualidad más reconocidos y que mayor legión de lectores ha cosechado con sus libros.

En *El poder del ahora* enfatiza la importancia de vivir el momento presente. Su obra se fundamenta en las enseñanzas de los grandes maestros de la historia, como Krishnamurti o Ramana Maharsi. Es el autor de otras obras fundamentales como *El silencio habla*, *Practicando el poder del ahora* o *Un mundo nuevo, ahora*.

Touraine, Alain (Hermanville-sur-Mer, Normandía, 3 de agosto de 1925). Este sociólogo francés de renombre internacional ha estudiado los movimientos sociales de los últimos tiempos y su relación con el Estado. Siempre vinculado a la prestigiosa Écoles des Hautes Études, uno de sus principales intereses en su carrera han sido los movimientos sociales, desde Latinoamérica, Polonia hasta Mayo del 68. Ha publicado numerosos libros, entre los que destacan: *Movimientos sociales de hoy: actores y analistas*, *Qué es la democracia* e *Iguales y desiguales*.

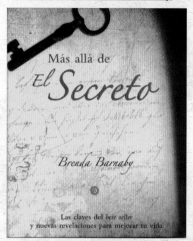